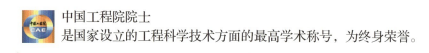
中国工程院院士
是国家设立的工程科学技术方面的最高学术称号,为终身荣誉。

中国工程院院士传记

沈世钊传

现代空间结构的开拓者

吉星 刘忠奎 何苾菲 著

哈尔滨工业大学出版社

人民出版社

内容提要

本书既是我国现代空间结构的开拓者、哈工大"八百壮士"杰出代表沈世钊院士的个人传记,也是探究新中国老科学家成长成才实践规律的学术著作。从少时求学、立志奋斗,到立德树人、为国铸器,沈世钊院士的故事浓缩了一代教育科技工作者的青春梦想和家国情怀。他的经历融入了哈工大红色校史和国家工业现代化进程,他的精神体现了哈工大精神、科学家精神。

图书在版编目(CIP)数据

沈世钊传:现代空间结构的开拓者/吉星,刘忠奎,何苾菲著.—哈尔滨:哈尔滨工业大学出版社,2023.12
(中国工程院院士传记)
ISBN 978-7-5767-0642-0

Ⅰ.①沈… Ⅱ.①吉… ②刘… ③何… Ⅲ.①沈世钊-传记 Ⅳ.①K826.16

中国国家版本馆CIP数据核字(2023)第032536号

沈世钊传:现代空间结构的开拓者
SHEN SHIZHAO ZHUAN:XIANDAI KONGJIAN JIEGOU DE KAITUOZHE

策划编辑　李艳文　范业婷
责任编辑　孙　迪　王晓丹　付中英
出版发行　哈尔滨工业大学出版社
社　　址　哈尔滨市南岗区复华四道街10号　邮编150006
传　　真　0451-86414749
网　　址　http://hitpress.hit.edu.cn
印　　刷　哈尔滨市石桥印务有限公司
开　　本　787毫米×1092毫米　1/16　印张18.25　字数220千字
版　　次　2023年12月第1版　2023年12月第1次印刷
书　　号　ISBN 978-7-5767-0642-0
定　　价　138.00元

(如因印装质量问题影响阅读,我社负责调换)

中国工程院院士传记系列丛书

编撰出版工作领导小组
  顾　　问：宋　健　徐匡迪　周　济
  组　　长：李晓红
  副 组 长：钟志华　蒋茂凝　邓秀新　辛广伟
  成　　员：陈建峰　徐　进　唐海英　梁晓捷
  　　　　　黄海涛

编辑和审稿委员会
  主　　任：钟志华　蒋茂凝　邓秀新
  副 主 任：陈鹏鸣　徐　进
  成　　员：葛能全　唐海英　吴晓东　黎青山
  　　　　　赵　千　陈姝婷　侯　春

编辑出版办公室
  主　　任：赵　千
  成　　员：侯　春　徐　晖　龙明灵　张　健
  　　　　　方鹤婷　姬　学　高　祥　何朝辉
  　　　　　宗玉生　张　松　王小文　张秉瑜
  　　　　　张文韬　聂淑琴

总 序

20世纪是中华民族千载难逢的伟大时代。千百万先烈前贤用鲜血和生命争得了百年巨变、民族复兴，推翻了帝制，肇始了共和，击败了外侮，建立了新中国，独立于世界，赢得了尊严，不再受辱。改革开放，经济腾飞，科教兴国，生产力大发展，告别了饥寒，实现了小康。工业化雷鸣电掣，现代化指日可待。巨潮洪流，不容阻抑。

忆百年前之清末，从慈禧太后到满朝文武开始感到科学技术的重要，办"洋务"，派留学，改教育。但时机瞬逝，清廷被辛亥革命推翻。五四运动，民情激昂，吁求"德、赛"升堂，民主治国，科教兴邦。接踵而来的，是18年混战、14年抗日和4年解放战争。恃科学救国的青年学子，负笈留学或寒窗苦读，多数未遇机会，辜负了碧血丹心。

1928年6月9日，蔡元培主持建立了中国近代第一个国立综合性科研机构——中央研究院，设理化实业研究所、地质研究所、社会科学研究所和观象台四个研究机构，标志着国家建制科研机构的诞生。20年后，1948年3月26日遴选出81位院士（理工53位，人文28位），几乎都是20世纪初留学海外、卓有成就的科学家。

中国科技事业的大发展是在新中国成立以后。1949年11月1日成立了中国科学院，郭沫若任院长。1950—1960年有2500多名留学海外的科学家、工程师回到祖国，成为大规模发展中国科技事业的第一批领导骨干。国家按计划向苏联、东欧各国派遣1.8万各类科技人员留学，这些人全都按期回国，成为建立科研和现代工业的骨干力量。高等学校从新中国成立初期的200所增加到600多所，年招生增至28万人。到21世纪初，高等学校2263所，年招生600多万人，科技人力总资源量超过5000万人，具有大学本科以上学历科技人才达1600万人，已接近最发达国家水平。

新中国成立60多年来，从一穷二白成长为科技大国。年产钢铁从1949年的15万吨增加到2011年的粗钢6.8亿吨、钢材8.8亿吨，几乎是8个最发达国家（G8）总年产量的2倍。20世纪50年代钢铁超英赶美的梦想终于成真。水泥年产20亿吨，超过全世界其他国家总产量。中国已是粮、棉、肉、蛋、水产、化肥等第一生产大国，保障了13亿多人口的食品和穿衣安全。制造业、土木、水利、电力、交通、运输、电子通信、超级计算机等领域正迅速逼近世界前沿。"两弹一星"、高峡平湖、南水北调、高公高铁、航空航天等伟大工程的成功实施，无可争议地表明了中国科技事业的进步。

党的十一届三中全会以后，实行改革开放，全国工作转向以经济建设为中心。加速实现工业化是当务之急。大规模社会性基础建设，大科学工程、国防工程等是工业化社会的命脉，是数十年、上百年才能完成的任务。中国科学院张光斗、王大珩、师昌绪、张维、侯祥麟、罗沛霖等学部委员（院士）认为，为了顺利完成中华民族这项历史性任务，必须提高工程科学的地位，加速培养更多的工程科技人才。中国科学院原设的技术科学部已不能满足工程科学发展的时代需要。他们于1992年致书党中央、国务院，建议建立"中国工程科学技术院"，选举那些在工程科学中做出重大的、创造性成就和贡献、热爱祖国、学风正派的科学家和工程师为院士，授予终身荣誉，赋予科研和建设任务，请他们指导学科发展，培养人才，对国家重大工程科学问题提出咨询建议。中央接受了他们的建议，于1993年决定建立中国工程院，聘请30名中国科学院院士和遴选66名院士共96名为中国工程院首批院士。于1994年6月3日，召开了中国工程院成立大会，选举朱光亚院士为首任院长。中国工程院成立后，全体院士紧密团结全国工程科技界共同奋斗，在各条战线上都发挥了重要作用，做出了新的贡献。

中国的现代科技事业比欧美落后了200年。虽然在20世纪有了巨大进步，但与发达国家相比，还有较大差距。祖国的工业化、现代化建设，任重道远，还需要有数代人的持续奋斗才能完成。况且，世界在进步，科学无止境，社会无终态。欲把中国建设成科技强国，屹立于世界，必须持续培养造就数代以千万计的优秀科学家和工程师，服膺接力，担当使命，开拓创新，更立新功。

中国工程院决定组织出版"中国工程院院士传记"丛书，以记录他们对祖国和社会的丰功伟绩，传承他们治学为人的高尚品德、开拓创新的科学精神。他们是科技战线的功臣，民族振兴的脊梁。我们相信，这套传记的出版，能为史书增添新章，成为史乘中宝贵的科学财富，俾后人传承前贤筚路蓝缕的创业勇气、魄力和为国家、人民舍身奋斗的奉献精神。这就是中国前进的路。

2012年6月

前 言

沈世钊院士是我国著名结构工程专家、现代空间结构的开拓者、哈工大"八百壮士"杰出代表。他围绕国家战略需求，瞄准国际学术前沿，在大跨空间结构的体系创新和系统理论研究方面做出了创造性的贡献。1999年当选为中国工程院院士，2012年被国际薄壳与空间结构协会（IASS）授予"荣誉会员"（Honorary Membership）称号，2017年获中国钢结构协会"最高成就奖"。他精心培养人才，坚持学以致用，带领团队首创世界最大单口径射电望远镜（天眼）主动反射面结构方案，研究成果举世瞩目。

沈世钊院士常说，他们这个年龄段的人，对旧社会的苦难有着亲身的经历和感受。回首中国近代史，从1840年鸦片战争开始，一百多年的时间里，中华民族苦难深重，所以1949年新中国成立，大家那种兴奋的劲头是无法形容的。虽然当时国家一穷二白，但大家普遍干劲十足，一心一意要为建设新中国建功立业。

建设新中国需要"科学强国、工业强国"，为此1950年从嘉兴中学毕业后，不满17周岁的沈世钊选择了读工科，并以第一名的成绩被交通大学土木系录取。后因全国高校院系调整，1952年他转入同济大学。1953年，正值我国第一个五年计划开始实施，沈世钊和他的同学们提前一年大学毕业。怀着"爱国奋斗，建功立业"的信念，大学毕业后的沈世钊作为师资研究生，满怀欣喜地从上海来到哈尔滨，在哈工大开启"国内留苏"的学习生活。

在结束为期一年的预科学习之后，沈世钊顺利通过俄语关，开始师从苏联著名木结构专家卡岗教授继续深造。卡岗教授来自莫斯科建筑工程学院，是苏联著名的木结构学科带头人，十分看重沈世钊的人品和才学。沈世钊原本计划毕业后回南方工作，卡岗教授希望他留下来给自己做助手。同时，哈工大也希望他能留校从事木结构的教学与研究工作。

"我说行，没问题！"沈世钊一句简单的回答，就是一辈子扎根哈工大、扎根祖国北疆的承诺。他说："很简单，当时我们这一代人都差不多，服从组织分配，国家需要我们做什么我们就做什么。"就像《哈工大之歌》唱的那样，"忠诚和报效是我们的选择"。此后沈世钊铭记重托、艰苦创业，一心一意、尽己所能和大家一起把哈工大这所"既有历史又是全新的学校"建设好。

当时，随着招生规模的不断扩大，哈工大急需壮大教师队伍，像沈世钊这样的青年教师留下了很多，所以当时学校整个氛围都是生机勃勃的。到1957年，这支平均年龄只有27.5岁、几乎承担全部教学和科研任务的教师队伍已经有800多人了，校长李昌称之为哈工大的"八百壮士"。这一年，沈世钊24岁。

"思路清晰，重点突出，概念准确，语言精练。"沈世钊善于总结思考，为了提高教学水平，他从卡岗教授、王铎老师、王光远老师等教学能手身上提炼出了"教学规格"。而为了苦练"教学功夫"，在第一次讲授木结构课时，他花费10多个小时来备好每一节课。在沈世钊看来，哈工大"八百壮士"的敬业实干精神和"规格严格，功夫到家"的校训是一体的；而所谓"八百壮士"精神，也就是当时形势下的爱国奋斗精神。

留校后，除了教学工作，沈世钊完成的第一个科研项目是关于"木屋盖纵向刚度"的研究。这期间，他创新性地提出了合理评价木屋盖空间刚度的系统理论和方法。这一创新理论，结束了20世纪60年代国内学术界在这方面的长期争论，为木屋盖及其支撑系统的设计提供了科学依据。此外，他还在"胶合木结构""劣质木材的胶合及其在门窗中的应用"等研究中取得了一系列有价值的成果。

由于沈世钊在木结构研究方面的成就，早在20世纪六七十年代，他便已经成为国内很有名望的木结构专家。可惜的是，当时中国木材资源匮乏，导致木结构在工程中的应用越来越少，木结构学科的发展也因此遇到了瓶颈。

"穷则变，变则通，通则久。"沈世钊认为，学以致用才是国家最需要我们做的事情。根据对建筑业发展走势的前瞻性思考，他逐渐将开拓、创新的视角定位在结构力学、钢结构、钢筋混凝土结构等领域。事实证明，在这些领域的广泛涉猎，为他以后的研究工作奠定了坚实的基础。

机遇总是垂青有准备的人。无论何时，沈世钊都一直没有放弃对业务的钻研。1978年，他以黑龙江省英语第一名的成绩获得第一批出国访学的机会，并于1979年前往美国里海大学符立兹工程研究所交流学习两年。该研究所以钢结构方面的研究闻名于世，沈世钊的研究方向也就自此转到钢结构领域。这两年，他成果斐然，完成了两项研究课题，发表了五篇论文，并协助美国教授指导了一名博士生和一名硕士生。此外，在里海大学吕烈武教授的主持下，他与另外两位访问学者沈祖炎、胡学仁合作，撰写了《钢结构构件稳定理论》一书。

1981年秋季回国后，沈世钊把研究方向完全转移到钢结构和大跨空间结构领域。特别是大跨空间结构作为一个新的结构领域，他带领团队对其中一些关键理论问题进行了系统探索，并在1985年创立了"空间结构研究中心"。他还先后主持了吉林滑冰馆、亚运会石景山体育馆和朝阳体育馆、黑龙江省速滑馆、威海体育场等重大工程的结构设计，这些结构以其新颖精巧的构思、良好的受力性能为我国空间结构的创新发展起到了很好的示范作用。

进入21世纪，"鸟巢"瘦身减负的方案与他有关，"中国天眼"（FAST）成功"开眼"离不开他的助力……他带领团队为我国大跨空间结构的健康持续发展做出了重要贡献。鉴于哈工大在"中国天眼"项目中做出的突出成就，2010年哈工大90周年校庆之际，国家天文台将1996年6月7日发现的小行星命名为"哈工大星"。

沈世钊不仅是大跨空间结构领域的开拓者和先行者，更是一位富于创新精神的人民教师、一位成功的教育管理专家。他曾担任过哈尔滨建筑大学校长（哈建大与哈工大同根同源，2000年两校又重新合并组建新的哈尔滨工业大学），认为治理学校最重要的是教与学两方面的内涵建设，因此特别注重师资队伍建设和人才培养。在他看来，只有培育出更加优秀的拔尖人才，中国的教育和科研事业才有希望。在沈世钊主政哈建大期间，学校各项事业发展有了显著的提升，作为建筑"老八校"之一，享有"南有同济，北有哈建"的美誉。

无论获得多少身份和荣誉，沈世钊始终把自己定位于一名人民教师，曾说"此生有幸为教师，得天下英才朝夕切磋与共，其乐融融"。为党育人，为国育才，是他一辈子最钟情的事业。他说，个人精力有限，科学的进步、学科的发展，需要年轻英才的不断涌现。因而，他觉得把更多的精力放在人才培养和梯队建设方面，也许是自己所能做出的最好贡献。大跨空间结构是一门实践性很强的学科，他始终鼓励学生们在科学研究和工程实践中真刀实枪地干，这样才能真正得到锻炼。一直以来，他总是把学生们放在科研的最前沿，让他们挑大梁，给他们压担子，为他们当梯子。他所教授过的学生，很多都已经成为我国大跨空间结构队伍中的中坚力量。

沈世钊自20世纪80年代初开始大跨空间结构的研究，于1997年才第一次申报并获得国家科技进步奖，然后又经历19年，其团队于2016年才第二次申报并获得该项国家奖励。他以身作则，强调"搞科研要有'板凳甘坐十年冷'的精神，不断积累、厚植根基，才能做到高瞻远瞩、举重若轻"；在引导学生的治学态度、科学道德、思想情操等方面，他言传身教，强调"做事先做人，不仅要注重加深加厚学识，更要注意提升思想境界、涵养气象情怀"。作为一名德高望重的"老先生""老爷子"，他受到了大家的广泛尊重与敬佩。

"时代各有不同，青春一脉相承。"实现中国梦是一场历史接力赛，每个人都可以做出自己的贡献。从事教学科研工作近70年，沈世钊始终把国家需要、时代使命当成自己的追求，他用一生的光阴实践梦想，并将梦想照进现实，他的经历鼓舞了身边人，鼓舞了一代代莘莘学子接续奋斗、奋勇争先，激励着广大科技工作者不断弘扬科学家精神，激励着广大青少年为实现中华民族伟大复兴的中国梦而奋发图强。

目 录

第一章 求学立志 ·································· （001）
　　家世与幼年经历 ······························ （003）
　　一直名列前茅 ································ （009）
　　工业报国之志 ································ （015）
　　从交大到同济 ································ （018）

第二章 在哈工大 ·································· （027）
　　开启"国内留苏" ······························ （029）
　　掌握俄语工具 ································ （031）
　　研究讲课艺术 ································ （035）
　　师从苏联专家 ································ （037）

第三章 扎根东北 ·································· （043）
　　留校过"教学关" ······························ （045）
　　从哈工大到哈建工 ···························· （050）
　　研究木结构 ·································· （053）
　　组建小家庭 ·································· （071）

第四章 科研转向 ·································· （075）
　　不止木结构 ·································· （077）
　　去美国留学 ·································· （081）
　　研究钢结构 ·································· （084）
　　思考与观察 ·································· （087）

第五章 结构创新 ·································· （093）
　　吉林滑冰馆 ·································· （095）
　　石景山体育馆和朝阳体育馆 ···················· （102）
　　黑龙江省速滑馆 ······························ （108）
　　威海体育场 ·································· （113）

第六章　理论奠基 …………………………………………（117）
　　　　　工程实践与理论研究 …………………………（119）
　　　　　系统的基础理论研究 …………………………（120）
　　　　　空间结构研究中心 ……………………………（126）
第七章　教育管理 …………………………………………（135）
　　　　　扛起行政工作 …………………………………（137）
　　　　　担任学校领导 …………………………………（139）
　　　　　建筑"老八校" …………………………………（144）
　　　　　子女教育 ………………………………………（148）
第八章　大跨之美 …………………………………………（155）
　　　　　结构美学 ………………………………………（157）
　　　　　哈尔滨国际会展中心 …………………………（158）
　　　　　大连体育馆 ……………………………………（162）
　　　　　"鸟巢"盖子之争 ………………………………（164）
　　　　　"中国天眼"与"哈工大星" ……………………（167）
　　　　　学术交流 ………………………………………（176）
第九章　精育良才 …………………………………………（187）
　　　　　言传身教 ………………………………………（189）
　　　　　大家风范 ………………………………………（202）
　　　　　功夫到家 ………………………………………（207）
　　　　　土木菁华 ………………………………………（211）
第十章　老骥伏枥 …………………………………………（217）
　　　　　关注教育 ………………………………………（219）
　　　　　至情至性 ………………………………………（223）
　　　　　平淡生活 ………………………………………（226）
　　　　　"壮士"情结 ……………………………………（228）
　　　　　面向未来 ………………………………………（234）
附　录　沈世钊年表 ………………………………………（239）
参考文献 ……………………………………………………（265）
后　记 ………………………………………………………（269）

第一章

求学立志

家世与幼年经历

第一章 求学立志

有客抱幽独，高立万人头。东湖千顷烟雨，占断几春秋。自有茂林修竹，不用买花沽酒，此乐若为酬。秋到天空阔，浩气与云浮。

叹吾曹，缘五斗，尚迟留。练江亭下，长忆闲了钓鱼舟。矧更飘摇身世，又更奔腾岁月，辛苦复何求。咫尺桃源隔，他日拟重游。

宋代词人吴潜的这首《水调歌头·题烟雨楼》，写出了风光秀丽的嘉兴之美，并以"桃源"誉之。嘉兴南湖的烟雨楼，因唐朝诗人杜牧"南朝四百八十寺，多少楼台烟雨中"的诗意而得名。外地有不少人知道嘉兴烟雨楼，跟张岱的散文和金庸的小说也分不开。

烟雨楼，烟雨江南，水乡嘉兴。嘉兴人杰地灵，历史久远，是新石器时代马家浜文化的发祥地，建制始于秦，自古为繁华富庶之地。中国共产党第一次全国代表大会就在嘉兴南湖的一艘游船上闭幕，由此宣告中国共产党开始真正走上历史舞台。

1933年12月18日，沈世钊出生于浙江嘉兴一个叫徐家港的四面环水的偏僻之村[①]。徐家港地处嘉兴北陲，分南、北两圩。两圩河道中，自西至东有一天然堤岸分隔，所以"徐家港"名

[①] 《嘉兴文史汇编·第四册》沈宗埅：日军在嘉兴城区破坏的大概，P61

称的由来，应是"齐夹港"的谐音。村民于此地沿河建屋，河道中有木桥一座相通，住家有百户左右，以沈姓为大姓，另有莫姓、朱姓、张姓。沈姓为乡绅之家，其余均以耕、渔为业。除沈姓有在南京、杭州、上海等地的大学毕业者外，一般村民很少有入学的机会。徐家港因其地形四面环水，无法步行到达任何邻村，故而也被称为"岛村"。村中无任何商店，只有茶馆两家，成为村民唯一休闲、交谊之所。平时如需添置物品，村民们都得摇船去油车港或栖真镇两个小镇采购。虽近在咫尺，但来回也非半天不可。村中物产丰富，鱼虾鲜美，不逊于江南任何一地①。

用沈世钊自己的话来说就是："我1933年生于浙江省嘉兴县一个地主兼自由职业的家庭里。祖父母是地主。父亲当过中学教员，但1940年时就因为伤寒去世了。母亲毕业于杭州产科职业学校，毕业后就自己挂牌行医，解放后参加当地组织的联合诊所，以后又改名为公社卫生院，1976年退休……"②沈世钊出生时，父亲沈宗圻在中学担任体育老师，母亲蒋汉玉是妇产科医生，叔叔沈宗埋在复旦大学法律系就读。温婉秀美的江南、幸福美满的家庭，原本美好的一切，却随着日本帝国主义全面侵华战争的爆发而蒙上了一层挥之不去的阴霾。

1937年7月7日晚，日本军队借口士兵"失踪"，蓄意挑起军事冲突，进而发动全面侵华战争。"七七事变"后，日机开始轰炸嘉兴城区，自从1937年11月19日嘉兴全县沦陷后，山河破碎风飘絮，嘉兴人民在日本的法西斯统治下如履薄冰地

---

① 根据台北嘉兴同乡会1984年所著的塘汇镇记载，https://baijiahao.baidu.com/s?id=1727255414627329835&wfr=spider&for=pc
② 沈世钊申请入党时写的自传手稿，1985年1月15日

生活了 8 年。

当时为了避难，沈宗圻一家人包括从上海"大乱归乡"的沈宗埵，决定去吴兴双林乡下的石前村暂避。沈家在石前村住了两个月，由于附近盗匪成患，全家只得又冒险返回徐家港。当年春节过后，日军开始到乡间欺凌百姓，一路捉鸡拖猪抢劫。有一次，20 名左右的日军来到徐家港，肆无忌惮地搜索了全部沈氏房屋，然后随意打了两枪硫黄弹，造成沈家两处着火，致使三间房屋和一个廊棚被焚[①]。

徐家港住不下去了，1938 年 3 月，沈家搬迁至栖真镇，也就是现在的秀洲区油车港镇栖真村。这里以宋代建造的栖真寺得名。当时，日寇为确保沪杭、苏嘉两铁路的畅通，建了堡楼驻扎，白天这些日本侵略者四处骚扰百姓，无人敢管。有鉴于此，镇上的居民和商户自发筹组了一个维护会，筹集经费维持自保[②]。即便如此，这样的生活依然水深火热。幼小的沈世钊虽然对当时的记忆不多，却始终有一幅画面印象深刻："日本兵来了以后，我们都战战兢兢的，赶紧把大屋门关上藏起来，不敢作声，小心翼翼地从门缝里面，看着日本人耀武扬威地走过。"多年后，这一场景在他记忆里仍挥之不去。

"土地被日本人占领了，倘若文化再被丢掉，那中国人还是中国人吗？一定要让孩子好好学习，做个有用的中国人！"怀着这样的念头，1938 年，家人将沈世钊送到私塾性质的小学堂里，跟随老师褚禅真接受了既传统又现代的启蒙教育。

褚禅真是嘉兴城区天官牌楼人，清末民初毕业于浙江高等工业学校（浙江大学前身），曾在浙江、甘肃、陕西等省工作，

[①]《嘉兴文史汇编·第四册》沈宗埵：日军在嘉兴城区破坏的大概，P61
[②]《嘉兴文史汇编·第一册》沈宗埵：栖真镇的维护会，P157

抗战爆发后，回到老家。日寇将至时，他又逃难来到栖真镇，恰好与沈家为邻，时年50岁许。褚禅真自毕业到抗战前，虽工作数十年，但一生清正，再加上逃难搬家，积蓄殆尽，生活陷入窘境。虽说在嘉兴城内也有不少亲友，但他却从不诉苦，坚贞自持，实属难能可贵。当时，伪国民政府知道他的贤能，曾有人招其去担任秘书之职，他断然拒绝，声言："宁饿死，不做汉奸。"其浩然民族气节，可见一斑。

沈家人知晓褚禅真的高风亮节，钦佩之余也尽力为他提供帮助。当时，沈世钊的叔叔沈宗埋因交通中断而留在家里，他建议褚禅真在家开一间私塾，并为其免费提供塾屋。褚禅真平生好学不倦，既精娴中华优秀传统文化，又熟悉新学的诸多学科，因此他设立的私塾跟传统意义上的不同，更像是一所中西合璧的新式小学。

适逢第二次世界大战欧洲战事正逐渐进入高潮，褚禅真肚子里的世界地理知识等同于一本活地图，不论德军向法国、比利时进军，还是攻占苏联城市，他看过报纸后总会准确预言下一个兵家必争之地，至于相差多少公里、中间途经何处等，无不如数家珍。及至德军败退，又复预言不爽。沈宗埋为之惊叹的同时，还发现他于教书之余，曾伏案绘图，一问之下，原来是《本草纲目》中未收录的中草药，褚禅真特地画了出来，并附上注解，共计几十册。①

"师者，所以传道受业解惑也。"有这样一位新派的高级知识分子做启蒙老师，对乱世蒙童来说可谓是幸运至极。作为褚禅真的第一个学生，沈世钊在这所私塾式的小学堂跟随老师

---

① 《嘉兴文史汇编·第三册》沈宗埋：褚禅真事略，P385~387

打下了坚实的学习基础。而随着沈世钊的妹妹和镇上其他人家的孩子不断加入，学堂里的学生一度达到20多人。就这样，一位老师、一间教室，不同年纪大大小小的孩子在一起，开始了他们的学习生活。没有课本，沈世钊他们就借老师自己编写的教材从头抄到尾。

沈世钊自幼聪慧，懂事好学，学业方面完全不用家里操心，也深得老师褚禅真喜爱。褚禅真涉猎广泛，教的内容也比较杂，沈世钊"来者不拒"，样样都学得津津有味。读经、描红、临帖、作诗……旧时候私塾要求学的，他都完成得很好。或许正是因为从小受到深厚的中华优秀传统文化滋养，对中国文化有着深刻的认知，后来即便再面临动荡的时局、艰苦的岁月，沈世钊依然充满信心，始终坚信否极泰来，将以有为。

沈世钊在幼年时期就亲身感受到了民族的苦难。雪上加霜的是，家庭的不幸也随之而来。1940年，他7岁时，父亲沈宗圻得了伤寒，由于在沦陷区没有得到及时医治，年仅32岁就遗憾而逝。沈世钊和三个妹妹的成长照料全都落在母亲蒋汉玉身上。这时候大妹妹沈世钿5岁、二妹妹沈世镯2岁、小妹妹沈世轮刚刚出生不久。好在祖母还健在，沈世钊的叔叔沈宗埋成婚后，也没有分家，一家人依旧生活在一起，总算有个帮扶照应。

蒋汉玉不是传统意义上的家庭妇女，她曾在杭州产科职业学校学习，后来回到嘉兴做医生，由于附近没有其他诊所，乡邻们寻常的大病小疾都会来求助于她。在沈宗圻去世后，沈世钊的母亲以自己的工作撑起了整个家庭。她不仅医术好，好心眼儿也是有口皆碑的。在一篇叫作《油车港镇卫生院变迁史》的文章中，还有人提到多年前的蒋汉玉医生，说她"为栖真及周边一带孕产妇迎接了大批新生命的诞生，并诊治了许许多多妇科病人，享有很高声望，直至几十年后人们谈起蒋汉玉，一些老年人还是记忆犹新"。①

嘉兴水网密布，河道纵横，家家临水，户户枕河。栖真镇附近有两个湖荡，都叫千亩荡，乘船越过，需要半个小时。蒋汉玉为人善良，常常荡东荡西奔走，帮助有需要的人。有时别人三更半夜来请，即便是寒冬，只要有船只往来，她都毫不推辞，尽心尽力履行医生的责任。②母亲的身体力行，对沈世钊的性格养成产生了潜移默化的影响。

日复一日的私塾学习使得沈世钊的学业不断精进。随着时间的推移，他在中华传统文化方面感受到美的熏陶，自己也开始尝试表达。9岁那年，他作了人生中第一首诗《春天到了》："紫翠遍山麓，青黄满菜畦。桃红间柳绿，燕语杂莺啼。"待到1943年沈世钊高年级时，出身工科的褚禅真开始专门给他讲授数理化等课程。沈世钊在栖真镇跟随褚禅真读书近8年，深得"真传"，直到1945年日本投降。当时，褚禅真欣喜万分，辞教回城，原想去主持嘉兴市图书馆，未果，改任前街小学校长。然而不久后，褚禅真即对国民党的统治大失所望，加之肺病一日重似一日，与前去看望他的沈宗垔谈及时局，常相对唏嘘，不胜感伤，竟于1946年春与世长辞。

褚禅真去世时，已经住校读初中的沈世钊特意赶去看望了师母。

---

① https://www.sohu.com/a/334318308_100014684
② 《嘉兴文史汇编·第四册》台北嘉兴同乡会：嘉兴今昔，P79~80

一直名列前茅

抗战期间，嘉兴的中小学教育受到很大冲击。原本的三所公立中学和两所私立中学都遭到严重破坏。其中，浙江省立第二中学和私立秀洲中学有一部分去了后方，有一部分去上海另行办学。剩下的三所中，有两所女子中学，一所商科职业中学，校舍、教具多毁于战争。

到抗战胜利时，嘉兴有伪省立第二中学和私立禾光中学，两校招收的学生不多，几乎仅限于城区，乡村的学生极少。1945年9月中旬，沈宗埅出任嘉兴县立中学筹备主任。县中包括初中部、简易师范部、师范部，从筹备起至10月22日正式上课，共花时间约40天。①

沈世钊之前在褚禅真的指导下，刻苦读书，基础扎实，按照同等学力，1945年12岁时，直接进入嘉兴县立中学上了初二。在学校，沈世钊的学业表现依然游刃有余。学校课程有语文、数学、物理、化学、历史、地理，他从不偏科，无论哪门功课都学得津津有味，考试成绩也是名列前茅。此时沈世钊的叔叔沈宗埅已经正式就任县中校长。

沈宗埅当年上学时，原本立志学化学，不过高中时因为成绩优异跳了一级，再加上正逢"九一八"事变之后积极参与各

---

① 《嘉兴文史汇编·第二册》沈宗埅：嘉兴县立中学筹备之经过，P307~312

种抗日运动，学业有所荒废，他觉得考化学没有把握，于是1932年19岁时报考复旦大学进了法律系。①其实，沈宗埀的人文底蕴很好，与当时很多文化名人都有交往，他还曾撰文《丰子恺先生二三事》，收录在顾国华所编的《文坛杂忆全编》一书中。

1947年夏天，沈世钊以优异的成绩从嘉兴县立中学初中部毕业，随后于同年秋考入浙江省立嘉兴中学，就读高中。

1947年初中毕业照

嘉兴中学的前身是嘉兴府学堂，创办于公元1902年，辛亥革命后，学校更名为浙江省立第二中学，一直以来以历史悠久、名师众多、人才辈出而著称，有着"江浙一秀"的美誉，知名校友有朱希祖、茅盾、郁达夫、金庸、汪胡桢、屠守锷等。抗

---

① 《嘉兴文史汇编·第四册》沈宗埀：我所知道的蒋志新，P355

战初期，学校更名为浙江省立嘉兴中学，后迁校至丽水碧湖改称浙西一中，1946年回迁，恢复嘉兴中学之名，1954年再次改名为嘉兴市第一中学。沈世钊在这里学习三年，受到了良好的系统教育。

虽然从小念书，不参加政治活动，但沈世钊自幼耳闻目睹日本帝国主义的侵略，早早就懂得了一个国家和民族落后就要挨打的道理，不自觉地走上了读书救国的道路。科学可以救国，工业可以强国，受老师褚禅真和叔叔沈宗埋的影响，沈世钊整个中学阶段从不懈怠，就想着赶紧成长成才，实现强国富民的梦想。

嘉兴中学实力雄厚，教师水平普遍很高。以数学老师为例，给沈世钊班级讲授数学的沈康身是毕业于中央大学（今东南大学）土木工程系的高才生。沈康身善于用深入浅出、生动活泼的语言揭示出数学的无穷魅力，反映出数学的抽象美、协调美与精确美。沈康身不仅课讲得好，态度还特别亲切和蔼，很容易拉近师生之间的距离，学生们都很愿意跟他学习。1949年，沈康身被嘉兴中学聘为理科首席教师（教研组长），一年后兼任教导主任，1954年秋，调往浙江师范学院（1958年并入新成立的杭州大学，后来并入浙江大学）数学系任教。沈康身后来出版了《中算导论》《九章算术导读》《历史数学名题赏析》《数学的魅力》等一系列脍炙人口的著作，成为著名的数学史学家。

初中两年、高中三年，沈世钊在整个求学生涯中仅有这五年学习了英语。即便如此，沈世钊的英语依然学得很好。他至今仍然记得当时40来岁的初中英语老师金朝宗、50来岁的高中英语老师徐珏珉授课的情景。这两位老师都特别会讲课，概念清晰、态度和蔼,讲起来引人入胜,学生们一听就懂。就这样,在老师的悉心指导下,沈世钊夯实了英语基础,即便后来上大学没学外语,研究生学的是俄语,过了快30年后的1978年,沈世钊靠着这五年的英语底子,仅仅复习了三个月,就以黑龙江省英语第一名的成绩,获得了改革开放后第一批去美国访学的机会。

1950年,沈世钊从嘉兴中学毕业,除了各个科目都取得很好的成绩之外,班主任还在他的学业鉴定表上特别写道:"天赋极高,学习非常认真,劳动努力,社会服务尚热心,作风端正。"

沈世钊在嘉兴中学的成绩登记表

沈世钊对嘉兴中学①也有很深的感情。2002年嘉兴中学建校100周年校庆，他还特意回了母校。

2002年沈世钊参加嘉兴中学建校100周年校庆，与当年老师合影

2012年，为庆贺母校110周年华诞，沈世钊写下了"枝繁叶茂，桃李芬芳"。2022年，嘉兴中学建校120周年时，沈世钊以视频的形式为母校送去了祝福。他说嘉兴中学是浙江省乃至全国知名的学校，百余年来培育了一大批优秀的革命家、文学家、科学家、企业家和各界精英。他希望嘉兴中学的学子继承传统精神，好好学习，在学文化和学品德方面都取得令人满意的成绩，为党和国家事业做出更大贡献。

2017年5月，沈世钊回到嘉兴参加招生宣传，还特意去了曾经就读的嘉兴中学老校址，找到"当年的教室和座位"——

---

① 1954年嘉兴中学改为嘉兴市第一中学，后面沿用之前的称呼，依旧叫作"嘉兴中学"

嘉兴中学建校120周年，沈世钊以视频形式送去祝福

今辅成小学南校区308班，并"偶遇"小同桌。嘉兴当地媒体拍下了沈世钊在教室里开怀一笑的瞬间，说"院士的到来给孩子们带来惊喜，也带来了激励"。

沈世钊与小同桌在一起

工业报国之志

1948年秋到1949年初，中国人民解放军发动了辽沈、淮海、平津三大战役，以劣式装备打赢了拥有先进美式装备的国民党军队，从而彻底掌握了战场上的军事主动权。1949年5月7日，中国人民解放军进入嘉兴城，嘉兴迎来了解放。解放后的社会，气象焕然一新，生产欣欣向荣，让沈世钊感到十分兴奋。

新中国的成立，让刚上高三不久的沈世钊真正意识到，中华民族受欺负一百多年，这回终于翻身了。许多年后，回忆起当时的心情，沈世钊不无感慨地说："我们这一代人，常常感到国家苦难深重，总有一种奋发图强的愿望。所以1949年新中国成立，大家当时那种激动、振奋的劲头是无法形容的，感到国家终于走出苦难的历史了。"①

1950年夏天，沈世钊考大学时，正是新中国成立后第一次招收大学生。此前，全国高等学校都是单独招生，各大学自主命题。1950年是首次试行同一地区统一招生。这一年5月26日，中央人民政府教育部发布了新中国第一份高校招生考试文件《高等学校一九五〇年度暑期招考新生的规定》。文件指出："为逐步改正各校自行招生所产生的混乱状态，减少人力、物力及时间上的浪费，特规定全国高等学校暑期招生日期的范围。"并要求各大行政区教育相关部门"根据该地区的具体情况，分别在适当地点定期实行全部或局部高等学校联合或统一招生"。

---

① 沈世钊申请入党时写的自传手稿，1985年1月15日

当时东北、华东、华北三大行政区共 73 所高校，实行区内联合招生考试，学生需要提前选定报考学校再参加考试。从未出过远门的沈世钊未满 17 周岁，他背着行囊，第一次坐火车来到上海，参加华东地区、华北地区的统一招生考试，颇有些"进京赶考"的意味。

"当时学工程，要么选清华，要么选交大。"在上海考点，沈世钊先后报考了这两所大学。交通大学先考，清华大学后考。机械系、电机系、土木系是交通大学 3 个最大的系，当年每个系拟招 60 名新生。交通大学公布的报名人数中，机械系 1300 多人，电机系 1200 多人，土木系 1100 多人。沈世钊在心里为自己"打了个小算盘"："土木系报名的人最少，考上的机会大一些。"于是报了土木系。既然交通大学报了土木系，清华大学也就报一样的吧，怀着这样的想法，他从从容容地参加了华东和华北两个地区的考试。

1950 年 8 月 10 日，《文汇报》《解放日报》等上海各大报

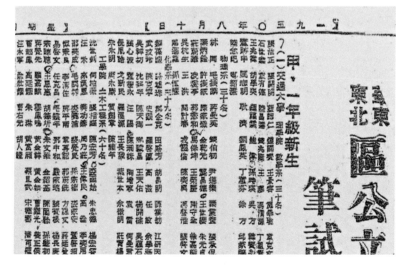

1950 年报刊登载"华东、东北区公立高等学校统一招生的笔试录取名单"

纸纷纷登载了"华东、东北区公立高等学校统一招生的笔试录取名单"，沈世钊金榜题名，以土木系第一名的成绩被交通大学录取。过了几天，华北地区高等学校的录取名单也公布了，沈世钊以土木系第四名的成绩被清华大学录取。

交通大学创办于1896年，其前身南洋公学是继北洋大学堂之后中国人自己创办的第二所大学，也是全国开设最早、办学成绩最好的几所新式学堂之一。学校初创时期以培养高端法政人才为办学目标，后来转向实业工程学科，以培养工程技术与管理人才为目标。学校坚持"求实学，务实业"的宗旨，以培养"第一等人才"为教育目标，精勤进取，笃行不倦，在20世纪二三十年代已成为国内著名的高等学府。

清华大学的前身清华学堂始建于1911年，1912年更名为清华学校，1925年设立大学部，"纯以在国内造就今日需用之人才为目的，不为出洋游学之预备"，1928年更名为国立清华大学，1929年设文学院、理学院、法学院，1932年设工学院。清华大学贯彻"通识为本、专识为末"的教育理念，注重基本知识与技能，要求学生对自然、社会、人文三方面都具有广泛、综合的知识，而"不贵乎有专技之长"。

在抉择到底去哪一所学校时，沈世钊并没有过多纠结。其实，新中国成立初期上海的工业基础远远优于北京。在江浙人心中，交通大学并不比清华大学差，尤其是工科方面。沈世钊的想法很简单，交大和清华，上哪个都行，既然交大先报考，还考了第一，离家又近，那就选交大吧。就这样，少年沈世钊颇具戏剧性地为自己定下了人生事业的方向，走进了交通大学，开启了工业报国之路，和"结构"结下了一生的情缘。

从交大到同济

"交通大学"之名源于1921年交通部所属4所学校合并而成大学之时。1928年,学校划归铁道部后,办学经费充盈,校园规模扩大,师资力量雄厚,学科发展迅速,成为以工科为主,兼重管理、理科的全国著名理工科大学,有"东方MIT(美国麻省理工学院)"的美誉。交通大学是典型的由三个学院组成的大学——理学院、工学院、管理学院,每个学院下设的系都不少于三个。其中工学院有土木、机械、电机、造船、纺织、航空、水利、化工、轮机和工业管理等10个系,居全国之冠。理学院有数学、物理、化学等系;管理学院则设有财务、运输、电讯和航运等系。1950年,各系录取的名额为30到60人不等,全校招生总数为718名[①]。

交通大学的土木工程系前身是1907年开设的铁道工程专科班,1913年改为土木科,1920年调入交通大学唐山校部。1929年,交通大学上海校部复设土木科,称土木工程学院。杰出校友有茅以升、张光斗等著名学者。抗日战争期间,土木工程系分设在沪、渝两地。1951年,复旦大学土木系并至交通大学土木系。当时交通大学的任课教师水平可以说是全国一流,工程技术类专业在国内首屈一指,很多老师都有留学背景。

王之卓是沈世钊印象最深的老师之一,曾担任交通大学代

[①]《上海交通大学校史第五卷》P20,1949—1959招生人数统计

校长、校长，毕业于交通大学土木工程系，先后在英国伦敦大学、德国柏林工业大学留学，是我国第一个获得博士学位的航测专家，是我国测绘领域著名的科学家、摄影测量与遥感学科的奠基人，新中国成立前与夏坚白、陈永龄合作，撰写了《航空摄影测量》《测量平差法》《大地测量学》《实用天文学》4 部专著。王之卓当时开了门天文学的选修课，讲得通俗易懂、生动活泼，沈世钊听得津津有味。至今，他对老师课堂上讲解一年四季、二十四节气等来龙去脉的内容记忆犹新。

徐芝纶是我国一代力学宗师，毕业于清华大学土木系，后留学美国，就读于麻省理工学院水力发电专业，仅用一年时间就获得工程硕士学位，后转到哈佛大学学习弹性力学，一年后又取得工程科学硕士学位，回国后曾在浙江大学、中央大学（今南京大学）、交通大学教书，编写的《工程力学》《理论力学》《弹性力学》被国内工科院系广泛采用。徐芝纶讲授应用力学、材料力学、水力学、结构学一系列课程。他学识渊博，教学深入浅出，学生听课入迷，往往不知不觉下课铃就响了。当年凡听过徐芝纶讲课的学生，无不为他精湛的教学艺术所吸引、所折服。沈世钊当时在学材料力学，觉得本系的老师已经讲得很好了，去听了徐芝纶在水利系讲的课之后，一发不可收，又专门再去听了一遍他讲的材料力学。

本专业教师们所开的课程沈世钊也非常喜欢，特别是王达时和孙钧两位老师的课。王达时毕业于交通大学土木工程系，1938 年获美国密歇根大学土木工程硕士学位，专于钢结构及结构力学，对薄壁结构与构件的非线性有限元解析有较深研究。由于讲课的内容早已烂熟于心，他上课时往往只带一支粉笔，漂亮整齐的板书加上娓娓道来的讲述，给沈世钊打开了一片钢结构的天地。

孙钧1949年毕业于交通大学，获土木工程学士学位。沈世钊入学时，他刚刚从教不久，由于为人踏实睿智，讲课深入浅出，很受学生们欢迎。孙钧后来长期从事岩土力学、隧道与地下工程学科的教学与科学研究，成为著名工程力学家、隧道与地下结构工程专家，1991年当选为中国科学院学部委员（院士）。

除了这些教师的课程，沈世钊还常常去听一些政治讲座。1949年6月15日，中国人民解放军上海市军事管制委员会接管"国立交通大学"后，交通大学进入历史新起点。学校首先废除国民党的"党义""公民"等课程，开设了有关新民主主义的政治课，并邀请黄逸峰、徐崙、冯定等著名人士在文治堂讲授社会发展史。学生们学习热情高涨，座无虚席。①

当时交通大学功课之重在社会上是闻名的。面对繁重的课业和学习活动，如没有强健的体魄，肯定难以坚持下来，因此体育活动在交通大学也很丰富。除了正常的体育课之外，平时还有各种球类运动以及游泳、哑铃、杠铃、体操等健身活动。学校也经常组织开展一些体育比赛，爱好相近、兴趣相投的同学们还成立了一些体育类社团。沈世钊虽然生于水乡、长于水乡，却直到上了大学才开始学游泳。从此以后，游泳成了他坚持一生的兴趣爱好。

除了体育活动搞得如火如荼，舞蹈社、歌咏社、合唱团、演奏团等文艺团体也很活跃，这些社团不仅丰富了校园生活，也提高了学生们的文化素质。值得一提的是，所有的这些社团

---

① 《上海交通大学校史第五卷》P18

都不是学校官方出面组建，而是由学生自发成立。这也从一个侧面说明当时的学生们充分发挥了主观能动性。这期间，沈世钊还参加了校学生会中的"通讯社"，和另外两名同学一起负责编辑报纸、采写新闻，报道学校里的大事小情。

1952年，沈世钊上大二的时候，新中国巨大的变化接踵而来，特别是教育领域的变化直接对他产生了影响。针对旧中国高等教育体系存在的系科类型分布不合理、不能适应新中国经济建设和人才培养需要的问题，全国高等学校的院系设置进行了大规模调整。为了加快从农业国向工业国的转变，保证第一个五年计划顺利开展，"向苏联学习"成为这次院系调整的主方向。教育部根据"以培养工业建设人才和师资为重点，发展专门学校，整顿和加强综合性大学"的方针，开始以华北、华东、东北三区为重点进行高等院校院系调整。1952年9月，交通大学、大同大学、圣约翰大学、之江大学、震旦大学等学校的土木、建筑、桥隧、公路、铁路、测量等专业的系、科先后并入同济大学。沈世钊也因此由交大的学生变成了同济的学生。

《中国新闻周刊》曾发表《五校同根的百年交大》一文[①]，里面记录了关于院系调整的一个小细节。提到得到调整通知时，有些同学一时感到无法接受。大家原本是冲着"东方麻省理工"的名头考入交大的，结果却"被转学"了。但经过一番动员，大家也很快服从了国家安排。不过，沈世钊一开始就非常平静地接受了这个变化，在他看来，身边的老师和同学都没有变化，这就跟没有变化一样。

---

① https://mp.weixin.qq.com/s?src=11&timestamp=1678236141&ver=4393&signature=UrbxP-ngHOUdnG3nQ7-XjmUjkUIApmblk5biguGQLC6WEO*C1e91od3cHuQZCwZIW0G7hLyxE5ZZvh8*TepTdK9UVc-l7HzXttA7mr4SqvLYKrDp5cYNSVhevIv*cFBv&new=1

同济大学土木工程学科创建于1914年，1952年调整结束后，吸收了国内众多高校的土木师资和莘莘学子，设立了铁路公路、上下水道、结构、建筑和测量5个系，全校师生员工共3165人，其中教师394人，成为国内最大的以建筑土木工程为主的专科性工科大学。

沈世钊在同济大学度过了自己大学生活的最后一年。当时新中国一穷二白、百废待兴，各个领域都急需人才。为了满足国家建设事业的需要，再加上准备开始实施第一个五年计划，国家决定1949、1950年入学的两届大学生全部提前一年毕业。沈世钊和同学用3年时间完成了课程学习，但没有做毕业设计，1953年7月就直接毕业等分配了。沈世钊的毕业证书上用毛笔工工整整地写着："学生沈世钊系浙江嘉兴人，现年二十一岁，在本校结构系本科工业与民用建筑结构专业肄业，三年期满，成绩及格，准予毕业，此证。"同济大学校务委员会主任委员夏坚白、教务长李国豪、系主任王龙甫三人共同签发了毕业证书。

沈世钊同济大学本科毕业证书

想到就要为新中国如火如荼的建设添砖加瓦了,沈世钊和同学们都是摩拳擦掌,准备大干一场。毕业回家也就半个月,学校就来通知了,沈世钊至今还记得很清楚,通知上面写道:你已经被分配到哈尔滨工业大学师资研究生班,请于9月10日到上海北火车站报到。

哈尔滨工业大学始建于1920年,当时校名为"哈尔滨中俄工业学校",其创建与俄国在中国建设中东铁路(抗日战争胜利后,改称"中长铁路")有直接关系,建校的宗旨是为中东铁路培养工程技术人才,学校按俄国的教育模式办学。直至1935年,日本用物资换取了中东铁路苏联一方的产权,学校的教学活动开始向日本教育模式过渡。1945年抗日战争胜利后,哈工大由中长铁路局领导,属中苏两国政府共同管理。1949年12月到1950年2月,毛泽东应斯大林的邀请访问了苏联,并就中苏之间的重大政治问题进行了会谈。1950年2月14日,中华人民共和国和苏联在莫斯科签署《中苏友好同盟互助条约》,同时废除《中苏友好同盟条约》。中长铁路及其附属机构均无偿回归中国。

1950年6月7日,中共中央电告东北局:"中长铁路已决定将哈工大交给中国政府管理。"这是哈工大回到新中国怀抱并进入全面改造和扩建阶段的重要标志。

"156项工程"是第一个五年计划时期苏联援助建设的重点项目,其中重工业占97%,主要是基础工业和国防工业项目。1953年5月15日,中苏两国政府签订《关于苏维埃社会主义共和国联盟政府援助中华人民共和国中央人民政府发展中国国民经济的协定》,规定苏联援助中国建设91个工业项目。加上

1950年已确定的50项和1954年增加的15项，共156项，后多次调整，确定154项，实际施工150项，预计总投资为187.8亿元，实际投资196.3亿元。因156项公布在先，仍称"156项工程"。这些项目的建成投产，形成了中国第一批大型现代化企业，大大增强了中国重工业和国防军事工业的能力，填补了一批生产技术领域的空白，初步建立了中国工业化基础。这些项目大多分布在东北、西北、华北，特别是东北地区一共有56个，占全国三分之一还多。能到东北亲身参与新中国的发展建设，对很多青年学子来说是"梦想变为现实"，沈世钊非常高兴。

1950年哈工大由中国政府接管时，师生不足800人，而且多数是苏联侨民，远远不能满足培养中国人才的需要。对此，苏联方面表示，如果中国政府提出要求，苏联愿意派出专家支援学校建设。

时任松江省政府主席兼哈工大校长的冯仲云与副校长高铁立即把这一重要情况向党中央做了汇报，建议我国政府向苏联政府提出聘请专家来哈工大工作，将哈工大扩建成一个学习苏联的五年制理工科大学，培养重工业部门工程师和国内理工科大学师资。报告中提出了三点理由：一、哈工大有用俄文教学的传统，有一批苏联籍教师，学生能听懂俄语和阅读俄文，苏联教授能够大批培养大学生和研究生，能充分发挥专家作用；二、苏联援建的工程大部分在东北，便于学生就地实习，学生毕业后到重点单位便于配合苏联专家工作；三、哈工大是解放区成立较早的大学，党和政府派了一批干部到大学工作，学习苏联大学阻力少、启动快。

这一建议和做法得到了中央的首肯和支持。1951年，哈工大被国家确定为我国高等教育学习苏联的两所院校之一，肩负起推动旧教育制度改革、实现社会主义工业化的使命。国家引进苏联大学的教学制度和经验，聘请大批苏联专家到哈工大指导研究生，其目的是为了培养新中国的大学理工科师资。在哈工大求学号称"国内留苏"，青年学子普遍非常向往。

1949年，哈尔滨工业大学开始从全国招收研究生，是国内最早培养研究生的高校之一。1952年，经教育部批准，哈工大在国内最早建立起五年制本科（培养工程师）和两年制研究生部（培养高校师资）的新教育制度。按照国家要求，学校接受各个高校选派的大学毕业生、讲师助教等来校做师资研究生。师资研究生班前后一共办了三届，主要是为中国的社会主义工科大学培养师资人才，打造一支出色的师资队伍。沈世钊就是在这样的背景下，被分配到了哈工大，成为师资研究生班的一员。对此，沈世钊充满期待，希望自己将来能为国家和民族做出贡献。

当时整个华东地区的应届毕业生，由四五次专列送到东北地区。1953年9月10日，沈世钊踏上了北上的列车。在沈世钊的记忆中，该专列学生有1500人左右，到了天津后停靠一整天，沈世钊等人下车洗了个澡，睡了个觉。随后火车继续前进，到了沈阳、长春陆续下去了一多半人，剩下的都到终点哈尔滨。

经过三天三夜的旅途，沈世钊从风景秀丽的江南来到了冰城夏都哈尔滨。到站之后，学校派了"校车"——一辆平板马车，把这些来哈工大的年轻人接了过去，他们"国内留苏"的学习生活由此开启。

第二章

在哈工大

开启"国内留苏"

新中国成立初期,由于历史原因,当时中国政府把向苏联学习作为国家的基本战略方针。党中央为哈工大规定了办学方针和任务:"仿效苏联工业大学的办法,培养重工业部门的工程师和国内大学的理工科师资。"来到在新中国获得"新生"的哈工大,沈世钊的理想信念得到了"无缝对接"。当时,到哈工大去已经成为一代青年的选择,甚至有些已经考取国内其他名牌大学的学生,上了一年学之后退学重新报考哈工大。

在当时的哈工大,无论本科生还是研究生,第一年都需要先去预科班学俄语。因此,1953年9月,沈世钊一行人报到之后,学校没有给他们分专业,而是按照报到先后依次编班进入预科班。哈工大老校长李昌曾说,哈尔滨是个天气最冷、待遇最低、生活最苦的"三最"地方。而由温婉富饶的江南水乡,到摩登繁华的大上海,最后落脚在北国冰城,沈世钊却说,"感觉挺好的"。"挺好的感觉",参照物一方面是旧社会的苦难经历与感受,另一方面则是哈尔滨作为全中国第一个获得解放的大城市和中共中央东北局所在地,让沈世钊感受到了前所未有的生机与活力,还有全国上下对实现工业化的渴望。当时很多地方还未从战火的摧残中恢复过来。相比之下,哈尔滨的城市建设并未遭受严重的战乱破坏,城市的确很漂亮,还被人们叫作"东方小巴黎"。作为老解放区本来基础就好,再加上国家第一个五年计划实施，哈尔滨赫赫有名的十大厂——东北轻合金加工厂、哈尔滨汽轮机厂、哈尔滨锅炉厂、哈尔滨量具刃具厂、哈尔滨电表仪器厂、哈尔滨电碳厂、哈尔滨电机厂、哈尔滨轴承厂、东安机械厂、伟建机器厂就是这时候开始兴建的。一切都是那么欣欣向荣、充满生机，不到20岁的沈世钊被深深吸引住了。

沈世钊来到哈工大时，正是学校改造扩建的成效日益凸显之际。1950年新中国政府接管时，学校设有土木建筑、机械、电气工程、化学、采矿等系，本科学生仅有641人，其中苏侨510人；教师146人，其中苏侨120人。为了改变这种现状，在被移交给新中国政府之前，哈工大就已经开始了校舍、师资、招生等方面的扩展。1949年下半年，陈雨波成为哈工大第一位中国专业教师；1951年东北人民政府决定成立"东北招聘团"南下招聘，黄文虎等一批优秀的青年教师就是随招聘团来到哈工大的。学生方面，1949年暑期，哈工大开始面向全国扩招预科生；1949年11月开始招收第一批中国研究生；1950年暑假开始，学校扩大了招收研究生规模，待沈世钊入学时，哈工大面貌已经焕然一新。

虽然住宿条件不好，吃得一般，然而沈世钊的精神是愉悦的，内心充满了对未来的渴望。因为，那个时候一批又一批苏联专家正陆续走进哈工大校园，开始了他们在哈工大的工作和生活，也开始了那段注定不平凡的跨国情缘。其中就有沈世钊的导师卡岗教授。据统计，1951年至1957年间，哈工大从苏联26所著名高校相继聘请了顾林、克雷洛夫、罗日杰士特文斯基、卡岗、马依奥洛夫等5批62位苏联专家（不包括因院系调整而调往他校的10人）和3名捷克专家来校工作。1957年以后，哈工大又聘请了12名苏联专家。截至1960年，哈工大共聘请了77名外国专家来校工作。[1]

掌握俄语工具

跟随苏联专家学习之前，沈世钊需要先读一年的预科班。那时候，哈工大本科生实行六年制学制，第一年在预科班学俄语，这种情况一直延续到1955年，直到中国教师的数量满足了教学需求。沈世钊入学后，按照当时的培养方案和教学计划，首要的教学目标是学习俄语——从字母开始，用一年时间，达到基本"听说读写"的水平，并且适量掌握专业词汇，以便能够较好地听懂苏联专家的授课内容。

20世纪50年代初哈工大校门外景

---

[1] 中国教育报刊社，哈尔滨工业大学. 漫游中国大学[M]. 重庆：重庆大学出版社，2008：34.

哈工大预科校址沙曼屯

沈世钊来哈工大的第一年是在沙曼屯度过的。哈工大预科的教学楼和学生宿舍最初坐落在南岗区中山路与和平路，教学、生活都比较方便。不久，解放军要创建第一所航校预科，急需一批校舍。哈工大师生积极响应国家号召，将预科校舍让给了航校，预科迁至郊区沙曼屯。"沙曼"是俄语音译，意思是草房。当时的沙曼屯还是郊区，比较荒凉，居住条件较差，但是很安静，是集中学习外语的好地方。

沙曼屯校舍的整体格局是一个工字形——前面一排房子，后面一排房子，中间有走廊相连，走廊两边是水房、卫生间。前面是教室，一个教室三十多个人，后面和教室一般大的房间当作宿舍，上下铺，住宿条件十分简陋。那时候哈工大的师资研究生预科班，每班都有一个教室、一个宿舍。班上为数不多的几名女同学住在和兴路对侧本科生预科的女生宿舍里，剩下的二十多个男生挤在一间屋里。屋内拥挤狭小，摆满了上下铺的床之后，连张桌子也放不下，要学习就只能去教室里。哈尔滨的冬季没有新鲜蔬菜，几乎全是存储的白菜、土豆和大萝卜，还有就是酸菜。主食不再是刚来时接风的大馒头，取而代之的是高粱米、粗苞米（玉米）面，很少有细粮。后来改善伙食，8个人一桌，能吃上四菜一汤，沈世钊对此已经感到很满足了。

沈世钊这一届师资研究生预科班总共有300多人，分为10个班，每个班约30人。每班配置一名专职苏侨教师（不太懂汉语）讲授俄语，每2～3个班配一名讲俄语语法的中国教师合班讲授语法。

当时，哈工大实行的是6节一贯制，俄籍教师讲课到中午12点，教授单词和用所学单词跟同学对话，每天要学习30～40个新单词，要求记住并且发音准确。沈世钊班级的俄语老师是一位老太太。她不会中文，从字母开始，像小学生一样连比带画开始教和学。下午中国老师讲语法，从俄文的变格、变位到复合语的使用及短语副句等。俄语教材共有5册，都是哈工大老师自己编写的。与学习配套的是严格的考试制度，除每天上午老师讲课前进行提问外，每周进行一次周考、每月进行一次月考、每学期进行一次期末考。月考和期末考试采用"撇到斯喀兹"方式，即老师用俄语朗读一篇短文或故事，共读两遍，学生认真听然后用俄文默写出来。老师改卷子十分严格，哪怕不小心错了一个字母也不能得优。

在沈世钊的记忆中，这一年大家基本整天都在学习，晚上还有晚自习。同学之间你追我赶，都不愿落后于人。走进教学楼，就会听到琅琅读书声。走在宿舍和去食堂的路上，也会看到有同学在自言自语（背诵俄文单词），在宿舍的床头和墙上会看到贴着的俄文单词。

虽然从来没有接触过俄语，但沈世钊觉得并不困难。那时的哈尔滨学俄语的环境非常好——"白俄"或者说苏侨很多，哈工大学生练习口语非常方便。学校的清扫员、图书馆管理员、实验室实验员、医务所人员、门卫等很多也都是苏侨。当时哈尔滨人口有90万,其中苏侨占10万。身处这座现代化城市和众多苏侨的环境中,仿佛真的到了外国似的。特别是哈尔滨道里区和南岗区,早就是苏侨聚集区。俄式建筑因此也很多,还有不少东正教教堂,使得哈尔滨充满异国情调。沈世钊在给家里写信时说,到了哈尔滨真就像到了外国,大直街非常漂亮,全是树。

为了运用俄语,检验学习成果,沈世钊和同学经常主动找苏侨搭话。苏侨们开了许多商店、餐厅、咖啡馆,最著名的是秋林公司①,里面香肠、大列巴面包、啤酒、黄油等摆满货架。周末的时候,沈世钊他们经常到秋林公司同苏侨售货员聊天练俄语,练发音,名正言顺地问:"这个是什么?""那个是什么?""这个多少钱?""那个多少钱?"沈世钊说:"我们也不买,就在那里问。"次数多了,对方虽然知道沈世钊他们的"意图",倒也毫不吝啬地陪他们练习。

因为知道要跟苏联专家学习,沈世钊他们俄语学得非常起劲儿,特别认真。从零基础开始,用俄语思考、记笔记、对话、写作业……经过预科班一年的语言学习,他们基本扫清了语言的障碍,具备了使用俄语进行专业交流和读写的能力,通过了语言关。

虽然学习节奏安排得很紧,但沈世钊并不觉得累,甚至学出了乐趣,笑言"学俄语还挺有意思的"。学校每周上6天课,星期日休息。虽然也很想出去领略一下哈尔滨的城市风光,但是由于课业压力大,第一个学期同学们周末很少出去逛街。课外文娱活动也不多,偶尔有些跳舞、看苏联原版电影之类的活动。预科班没有体育课,但是学校会鼓励大家多运动,后来沈世钊周末有时也会和同

① 一家创建于1900年的老字号百货商场,先后由沙俄资本家、英国汇丰银行、日本商人和苏联政府经营,1953年10月有偿移交我国

学一起到松花江边,游游泳、跑跑步、做做操,锻炼身体。冬天,沈世钊还学会了滑冰。

研究讲课艺术

1954年,沈世钊结束了一年的预科学习,俄语达到"四会",听说读写都过关了,也能直接听苏联专家讲专业课了。不过,安排给沈世钊他们的苏联专家第二年才能来,所以这一年他们主要是听钟善桐、王光远、王铎等教师讲课,以加强基础知识的储备。

大学期间先后就读于交通大学和同济大学的沈世钊,很快就发现了不一样——哈工大的教师们太年轻了,朝气蓬勃、热情洋溢,钟善桐、王铎、王光远等骨干教师才三十来岁,只比沈世钊长几岁或十几岁。不过,就讲课水平而言,这些年轻人真的已经算得上是"老教师"了。与他们朝夕相处,沈世钊也被深深感染,用他自己的话来说就是"大家特别认真,特别务实,一点儿虚东西都没有"。

青年时期的钟善桐

青年时期的王铎

钟善桐1950年被保送到哈工大研究生班跟随苏联专家继续深造，1954年留校任教。凡是听过他讲课的人都注意到一个细节，他上课从来不用讲稿。在课堂上，他会把每一个符号、每一个数据都准确无误地表达出来，对钢结构原理有许多精辟的解释和表述。他对时间、重点、难点的把握，令学生和同行叹服。不仅如此，钟善桐治学严谨，对每个学生、每次试验都严格要求。他经常会到实验室现场指导学生们做试验，跟大家一起分析试验数据、试验现象。

王铎1950年开始在哈工大任教，1952年开始担任全国第一个理论力学教研室副主任，并和同事们一起跟随苏联专家克雷洛夫学习。1954年，他协助苏联专家培养第三批研究生班教师两名、进修教师两名。他一方面如饥似渴地学习新知识，一方面全身心地投入教学，还专门撰写了《谈谈讲课方法》，提出首先应该明确本节课的目的，其次确定所要讲的内容的主次，之后还应掌握主要材料的中心问题，在备课时必须先了解学生的情况，然后从学生实际水

王光远在工作中

平出发，确定教材的深度和讲授方法。

1950年10月，教育部在全国工科院校选派一批助教和讲师到哈工大，作为师资研究生跟苏联专家学习，王光远便是其中之一，后留校任教。王光远在教书育人方面倾注了大量的心血。他认为，作为教师，本职工作是教学，搞科研之前首先要过教学关。因为教学很不容易做好，需要足够的知识储备，需要有精准的教学内容和教学形式。在研究生班学习时，王光远全面地听了3位苏联专家的课，此外还翻译了一些国外的优秀教材，从1952年到1962年，全国所有与结构力学有关的专业用的教材都是他翻译的。

钟善桐、王铎和王光远既有教学理论又有实践，授课极其认真，有口皆碑，他们概念准确，叙述流畅，条理清晰，从不看讲稿，有如行云流水，行其当行，止其当止，甚至能做到最后一句话讲完，下课铃同时响起。沈世钊觉得听他们讲课是一种享受。钟善桐讲钢结构，120学时，他全程听完了，也从头到尾听了王铎讲的理论力学和王光远讲的结构力学、概率论。沈世钊从这些年轻教师身上学到了很多，充分认识到"讲课是门艺术，学术水平愈高，愈要注意教学方法"。

师从苏联专家

1955年9月18日，沈世钊期待已久的苏联专家卡岗教授从莫斯科古比雪夫土建学院来到了哈工大。当时来到哈工大的苏联专家多数是副教授,卡岗是其中仅有的3名教授之一,也是苏联著名的木结构专家和学科带头人。除了带中国研究生做科学研究工作外,他还是哈工大苏联专家组组长,被聘为校长顾问,对哈工大的发展建设提出了很多建设性的意见,并指导了工程结构专业的建设工作。

工程结构专业由3个组构成:钢结构组、木结构组和混凝土组。卡岗来校后,全国其他学校都派教师前来学习。沈世钊与本校的其他3名研究生、5位教师,还有清华大学、同济大学、东南大学等学校派过来的教师共20余人一起组成木结构班,专门从事木结构的学习和研究。新中国成立初期,由于木结构能就地取材,我国大量建筑采用砖木结构。沈世钊跟着卡岗学习了2年,认真听完了他讲授的木结构、木结构专题等课程。如果说之前所有的学习和训练,都是围绕上课来学知识、打基础,那这两年对沈世钊来说,就是科研真正入门的开始。用他自己的话就是,"我们原先根本不懂科研,通过这两年学会怎么做科研了"。有了这两年的基础,这批人后来大部分都成为我国木结构学科建设中的骨干力量。

在木结构班,每个人都做不同的题目,有的还做实验。沈世钊的兴趣被充分地激发出来,他不光做自己的,对别人研究的内容也都感兴趣,其他人做什么,他都要去看、去思考,也因此受益良多。

沈世钊的研究方向主要是大跨木结构,做大穹顶,一般每周都需要向卡岗汇报自己的进展情况,有时候他单独汇报,有时候和同样需要做论文的其他7个人一起汇报。卡岗指导学生写论文完全按照苏联本国学生的要求进行,而且全部用俄文写。两年的系统研究对沈世钊的科研训练帮助很大。在卡岗的悉心传授下,他不仅较好地掌握了代表当时先进水平的苏联木结构学科基本内容，还主动学习、自觉钻研，结合中国具体国情开展了一些科学研究。沈世钊一边吸取苏联木结构学科的先进系统理论，一边加深了对中国古典木结构建筑艺术的理解，并逐渐形成了自己的结构美学理念：实用、合理、自然。

沈世钊追随卡岗勤奋地学习，他的人品和才学得到了卡岗的

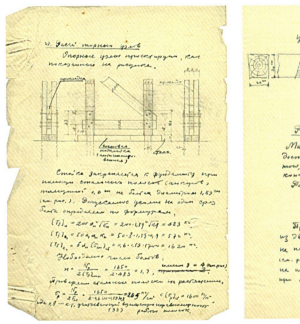
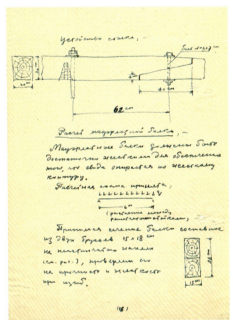

沈世钊用俄文做的专业笔记

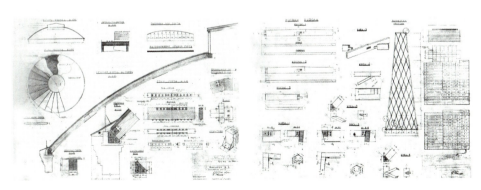

沈世钊绘制的俄文图纸

赏识。卡岗是一位忠厚的长者,治学态度很严谨,全心全意授课带学生,虽然事情很多,但指导学生从不含糊。他和学生们之间的交流一般都是专业探讨,私下交往较少。不过有时候,卡岗也会邀请木结构班的同学到家里吃饭,师生关系十分融洽。"一种接触、一种感知,就是一种熏陶,慢慢从他身上延伸得到一种感受。"沈世钊这样形容与卡岗之间的互动。"桃李不言,下自成蹊。"沈世钊他们也都特别敬佩、尊敬卡岗教授,同时也都热情高涨、特别认真地跟随他学习,不仅学业务学知识,更是通过卡岗的言传身教来学做人和做事。

在这支木结构队伍中,除了沈世钊,还有来自清华大学的进修教师陈肇元也值得一提。陈肇元1952年毕业于清华大学土木工程系,留校从事教学与科研工作,1955年来到哈工大,跟随卡岗

工程结构教研组的全体教师、师资研究生和进修教师与卡岗教授合影

教授学习。20世纪50年代，国内的钢材供应极端不足，在卡岗教授指导下，陈肇元集中精力进行竹结构的研究，对毛竹的受力性能、竹杆件的承载力和杆件之间的连接方法等进行试验研究。1997年，陈肇元增选为中国工程院院士，两年之后沈世钊也增选为中国工程院院士。

第三章

扎根东北

留校过"教学关"

沈世钊于 1957 年 1 月 21 日正式通过论文答辩。3 月 1 日,他拿到了结业证书,上面写着:"研究生沈世钊系浙江省嘉兴县人,现年廿三岁,一九五三年九月入哈尔滨工业大学研究班土木系木结构专业,修业三年,一九五七年一月完成个人学习计划,一九五七年一月廿一日在结业工作答辩委员会通过结业工作答辩,准予结业此证。"

沈世钊研究生结业证书

1956年是中国现代科学技术发展史上的一个重要里程碑。这一年,1月14日至20日,中共中央召开关于知识分子问题的会议。毛泽东在会议最后一天讲话,号召全党努力学习科学知识,同党外知识分子团结一致,为迅速赶上世界科学先进水平而奋斗。按照分步骤、分阶段缩小与世界发达国家先进科学技术水平的差距的思路,周恩来代表中共中央发出了"向现代科学进军"的号召。为了响应号召,哈工大在苏联专家的帮助下,制定了《1956—1967年科学研究发展规划》,对哈工大培养目标、教学方法、学科设置、科研学术等做出了具体规定。

任何事业的推进都离不开人才。也是这一年,将要结束师资研究生学业的沈世钊原本打算回南方工作。当时,同济大学和天津大学都对沈世钊发出了聘用意向。沈世钊还没拿定注意,卡岗已经先一步表达了对他的挽留:哈工大的发展急需人才,希望成绩优异、踏实肯干的得意弟子留下来做自己的助手,从事木结构的教学与研究工作,建设哈工大。

"我说行,没问题!"回忆起这段经历,沈世钊笑着说,"当时我们这一代人都差不多,服从组织分配,国家需要我们做什么我们就做什么。"一句简单的回答,就是一辈子扎根哈工大、扎根祖国北疆的承诺。从此,沈世钊真正告别了风光旖旎的江南,将银装素裹的哈尔滨当作了第二故乡。

经过冯仲云和陈康白两任校长的扩建,到1953年时,哈工大已经有4000多名学生,但师资力量还是紧缺,正、副教授仅有十余人。当时高教部为了支援哈工大迅速建设与发展,已经批准把头几批本科毕业生的大部分,以及专修科毕业生的优秀者留给哈工大;与此同时,哈工大为了建设好自己的基础课、政治课等急需的教师队伍,就直接从未毕业的本科生中截留一部分留校工作。继任校长李昌更是决心"自力更生,艰苦奋斗",借助苏联专家的力量,培养哈工大青年教师和品学兼优的在校生,以增强现有师资队伍的战斗力。1954年10月5日,高教部发出《关于重点高等学校和专家工作范围的决议》,第一次确定哈尔滨工业大学、清华大学、北京大学、中国人民大学、北京农业大学、北京医学院这6所高校为全国重点院校。这就对哈工大提出了更高的要求,学校要满足国家培养人才的需要,就必须靠自己的力量造就一支过硬的教学科研队伍。再加上招生规模不断扩大,哈工大急需壮大教师队伍,于是一批青年才俊留了下来,沈世钊就是在这样的时代背景下,留在了哈工大任教。

打铁还需自身硬,学校要求所有教师成长必须经历几个阶段,即所谓"过五关":一是打好基础,二是教学关,三是科研关,四是国内水平关,五是国际水平关(后来被概括为"三关",即教学关、科研关、水平关)。作为刚刚留校的师资,沈世钊的第一个考验就是过"教学关"——讲好课,在讲台上站稳脚跟。

"努力备课,努力讲课,一心一意把学生培养好。"这是沈世钊最大的愿望。在沈世钊心中,除了卡岗教授,稍长自己几岁的王光远老师、王铎老师、郭长城老师和钟善桐老师也都是非常值得自己学习的讲课模范。"当时哈工大讲课讲得好的老师,都是大家心目里边的模范。"因此,为了提高教学水平,沈世钊一有时间就去听他们的课,跟着他们学习讲课的艺术。

沈世钊善于总结思考,课听得多了,他就从这些教学能手身上提炼出了讲课的"规格":"思路清晰,重点突出,概念准确,语言精练。"而为了苦练"教学功夫",在第一次讲木结构课的时候,他就花费了很大的功夫来备课。从看资料写讲稿，再试讲，"翻来覆去修正这个讲稿"。每讲一节课，他都需要花差不多10个小时来准备。10倍的时间，但沈世钊认为是值得的。这个过程，沈世钊认为自己也受益，"把课讲好实际上对年轻教师非常重要，把基础就打起来了"。

当时的哈工大校长李昌也鼓励青年教师这样做。1958年，哈工大招收了一批速成中学的学生，但这些学生基础比较差，考试经常挂科，校长李昌召集老师们开会、研究对策，有人提出可以降低考试标准，但李昌最后还是决定：要拿到哈工大的文凭，一定要达到一个最基本的规格，无论哪种情况，都不允许破例。对于基础差的学生，其他同学要给予帮助，老师要开小灶、单独辅导。即学校的规格必须严格，老师和学生的功夫必须到家，这也是后来哈工大校训"规格严格，功夫到家"的来源。

"在讲课上面都要求大家这样做。我觉得哈工大这个校训特别好，到现在为止我们哈工大的精神还在，特别认真。"沈世钊说。在他看来，哈工大"八百壮士"的敬业实干精神和"规格严格，功夫到家"的校训是一体的；而所谓"八百壮士"精神，也就是当时形势下的爱国奋斗精神。

1957年6月3日，卡岗教授聘期结束回国。沈世钊他们这些学有所成的年轻教师，继承了苏联专家们的衣钵，承担起了独立的教学、科研任务。这一年，这支由800多人组成的、平均年龄只有27.5岁的教师队伍，被李昌校长称为哈工大"八百壮士"。哈工大"八百壮士"将人生坐标始终定位于国家需要，怀着建设社会主义工业化的理想与壮志，并为之不懈奋斗。

善于培养、敢于重用年轻人的做法，使得哈工大的教学科研工

1957年5月卡岗教授及夫人回国前与其学生合影（左二为沈世钊）

作有了很大发展与提高，各专业与一些工厂、研究所建立起固定的科技协作关系，为实现教学、科研、生产三结合以及科研为国民经济服务打下了可靠的基础，并由此开创了哈工大历史上第一个黄金时代。短短10余年，哈工大"八百壮士"爱国奋斗，敬业实干，创办了24个新专业，为哈工大乃至全国高等教育创设了一批新兴学科，以机电、电气、土木、工程经济等为主的专业教学体系基本建成，解决了国家工业化建设的"燃眉之急"。在他们求学、治学、办学的实践过程中，哈工大"规格严格，功夫到家"的校训传统逐步形成。

许党报国的哈工大"八百壮士"堪称时代楷模和民族脊梁。他们紧密结合经济发展和国防建设需求，解决了科学技术和工程应用等方面的一道道难题，打造了一大批国之重器，培育了一大批杰出人才，使之成为中华民族复兴大业薪火相传的继承人，为国家高等教育和工业化建设做出了卓越的贡献。许多年之后，哈工大"八百壮士"科教报国的事迹被广泛宣传报道。《人民日报》将他们称为"新中国科教事业的先行者，新时代科教兴国的开拓人"。2010年中组部的调研报告这样描述他们:"就是这批年轻人,铭记国家重托,肩负艰巨使命,扎根东北,艰苦创业,拼搏奉献,把毕生都献给了共和国的工业化事业。"

从哈工大到哈建工

沈世钊留校 2 年后,哈工大又发生了一件大事。1958 年 12 月,中央第一机械工业部、教育部、建筑工程部决定,在哈工大土木系的基础上,扩大组建哈尔滨建筑工程学院。1959 年 1 月 15 日,哈工大成立校务委员会,在召开的第一次会议上通过了执行三部"关于哈尔滨建筑工程学院建院中若干问题的决定"的决议。时任哈工大副校长朱物华说:"分建建工学院的目的是更好地发展和提高。今后建工学院在中央建筑工程部的直接领导下,更接近业务部门,在领导上将比现在的土木系大大地加强,这是一个积极的措施,我们热烈拥护三部的决定。在分建过程和今后工作中,我们应该遵循'坚持团结、坚持合作、互相帮助、共同发展'的方针,以巩固和加强两校的团结。"

1959 年 4 月 30 日,哈尔滨建筑工程学院正式挂牌成立,地址还在西大直街 88 号的土木楼。沈世钊顺理成章成为哈尔滨建筑工程学院的教师。这个决定,对于这一年毕业的学生来说,有着较大影响。1953 年入学的哈工大土木系学生王玉泰在《五十年代在哈工大学习》的回忆文章中写道:"学校决定土木工程系由哈工大分离出去挂牌成立哈尔滨建筑工程学院,划归建筑工程部领导,首任院长是建筑工程部派来的郭林军同志。这样我们这一届学生(1953—1959年)就成了哈尔滨建筑工程学院的首届毕业生。说实话,当时的同学内心很委屈,因为入学时是进入全国知名的重点学校哈工大。经过长达6年的刻苦学习,临到毕业时却得到当时名不见经传的哈建院的文凭,确实心中有股说不出来的滋味。"

当时已经工作的沈世钊对此事有着更深的理解。他说:"哈工大把土木系分出去,是学习苏联。因为苏联大学基本上都是专科性的,不是综合性的。当时建筑工程部下边没学校,我们土木系分出去成立建工学院以后,就归建筑工程部管了,在当时来说更有助于专业发展和人才培养。"

1959年哈建工揭牌仪式

土木系分出去当年，全部师生加起来还不到 1000 人，独立建校以后两三年，哈尔滨建筑工程学院人数就达到 3000 余人。之后成立了建筑工程系、市政工程系、建筑材料系、建筑机械与电气系、建筑学系、建筑管理系等，完善了土木建筑应有的学科。到了 20 世纪 80 和 90 年代，哈建工已经成为建筑行业最有名望的大学之一，成为我国著名的建筑老八校之一，为国家的建筑行业贡献了很多优秀人才。1994 年，哈尔滨建筑工程学院更名为哈尔滨建筑大学，2000 年与同根同源的哈工大合并，重新组成新的哈尔滨工业大学。

回顾这一段历史，有人感叹这种分与合到底有无必要。沈世钊说："不管是综合性还是专科性，关键还是师资队伍的水平。分出去以后，我们建工学院的学风一点变化都没有，跟哈工大一样，包括整个教学、科研，照样还是踏踏实实的劲头，还是'规格严格，功夫到家'。后来又合到一块儿，也融合得很好。"从西大直街 88 号到 92 号，几百米的间隔，土木楼与哈工大主楼临街并立，外显兄弟之相，内有手足之缘。而一个缘字，凝聚了时间与空间、分离与团聚、感情与战略，令人感慨万千。①

1959 年 5 月，沈世钊由哈工大的教师转为哈建工的教师，1961 年被评为讲师。如同当年从交大分到同济一样，这次虽然从哈工大分离出来了，但实际上沈世钊在同根同源、统一规格、办学理念相同的哈建工并没有感觉到有什么不同，工作地点仍然在土木楼，同事还是那些同事，学生还是那些学生，他的教学科研工作仍然在有条不紊地进行。

---

① 中国教育报刊社，哈尔滨工业大学. 漫游中国大学 [M]. 重庆：重庆大学出版社，2008:23.

其实，当时为了满足国家建设的需求，不仅仅是哈建工从哈工大分离了出来。在此之前，1958年哈工大重型机械系及相关专业成建制迁至齐齐哈尔市，组建了哈工大重型机械学院，1960年独立办学并定名为东北重型机械学院，后整体南迁至秦皇岛市，更名为燕山大学。

研究木结构

1957年哈工大土木系举行第一次土木工程科学讨论会，提出30篇报告，这也是哈工大以系为单位举行的第一次科学报告会，对沈世钊也产生了重要影响。"早在当助教的时候，我就觉得身为教师除了讲课，必须要搞些研究。教学跟科研密不可分、相辅相成的观念就是那时候形成的。"怀着这样的念头，从留校开始，沈世钊就一边做好教学工作，一边结合自己的兴趣和需要开展科学研究。在木结构方面，沈世钊主要聚焦两个方向：一是木结构的支撑系统，二是胶合木结构的研究。前者是规范的需要，后者代表木结构当时的前沿课题。

这一时期，全国与工程相关的各种规范，包括木结构领域都在开始制定。"当时全国都在讨论这个问题，国内搞木结构、评木结构规范的人，相互之间基本上也都熟悉，讨论得也很热烈，然而大家对木结构屋盖及其支撑系统的布置说法不一。"在沈世钊看来，这个题目本身不是很复杂，只是大家的发言都不全面，没有人进行系统梳理总结。

关于木结构的支撑系统，主要的争议集中在如何就空间刚度问题定规范。"过去这方面没有理论研究，我就把它的理论基础好好搞一遍。"虽然没有经费支持，但是沈世钊乐此不疲，凭着自己的一腔兴趣先"搞了起来"。在整体梳理了木结构刚度的理论研究之后，他对这一领域有了更加系统深入的把握，决定在此基础上继续开展现场试验，"找几个工地做做试验，看看跟我们的理论是否一致"。

最终，沈世钊创新性地提出合理评价木屋盖空间刚度的系统理论和方法，1963年对1/2比例的大模型（跨度9 m）进行了试验研究，1965年在《哈尔滨建筑工程学院学报》上发表论文《木屋盖纵向刚度的研究》。这一创新理论，结束了20世纪60年代初国内学术界在这方面的长期争论，为木屋盖及其支撑系统的设计提供了科学依据。当时，结合教学研究，沈世钊针对科研论文写作也总结提炼出了如下原则：思路清晰、重点突出、概念准确、文字精练。

胶合木是当时木结构研究领域的一个前沿课题。自卡岗将这项技术引进到哈工大后，沈世钊就开始跟着卡岗进行了一系列探索。胶合木不受天然原木尺寸限制，甚至可以把采伐作业和木材加工后的"边角料"，用拼接、层积、胶合等技术，化零为整，劣材优用，使之变短为长、合窄成宽、积薄为厚，并且能够满足跨度和形状的需求。这对当时的中国来说，是很具实用价值的研究。"比如我把一棵树锯成木板，之后再给它胶起来，你需要多大就多大，十几米二十米都可以，这不就扩大适用范围了吗？"这期间，沈世钊在"胶合木结构""劣质木材的胶合及其在门窗

与木结构同行们在一起
（右起：沈世钊、陈肇元、樊承谋、王振家、高伯阳、王用信）

中的应用"等研究中取得了一系列有价值的成果。由于沈世钊在木结构研究方面的成就，20世纪60年代，他便已成为国内很有名望的木结构专家了。不过再谈起当时的研究，沈世钊笑言："当时是很前沿的，现在看很一般。"

关于这期间的学习和工作经历，沈世钊也有过总结，他说："业务方面的进取比较强。在随苏联专家卡岗教授学习的两年时间内，不仅在专业知识方面打下了一定基础，在治学方法上也受到了较好的熏陶。研究生结业后，即能较为胜任、愉快地承担各项教学、科研任务。同时还大量阅读力学和结构方面的俄文书刊，并翻译出版了不少俄文专业书籍，对苏联在本专业方面的状况相当熟悉。"[1] 因此，在这一段时期内，沈世钊在业务能力方面可以说是打下了一定基础。

---

[1] 沈世钊入党申请自传手稿，1985年1月15日

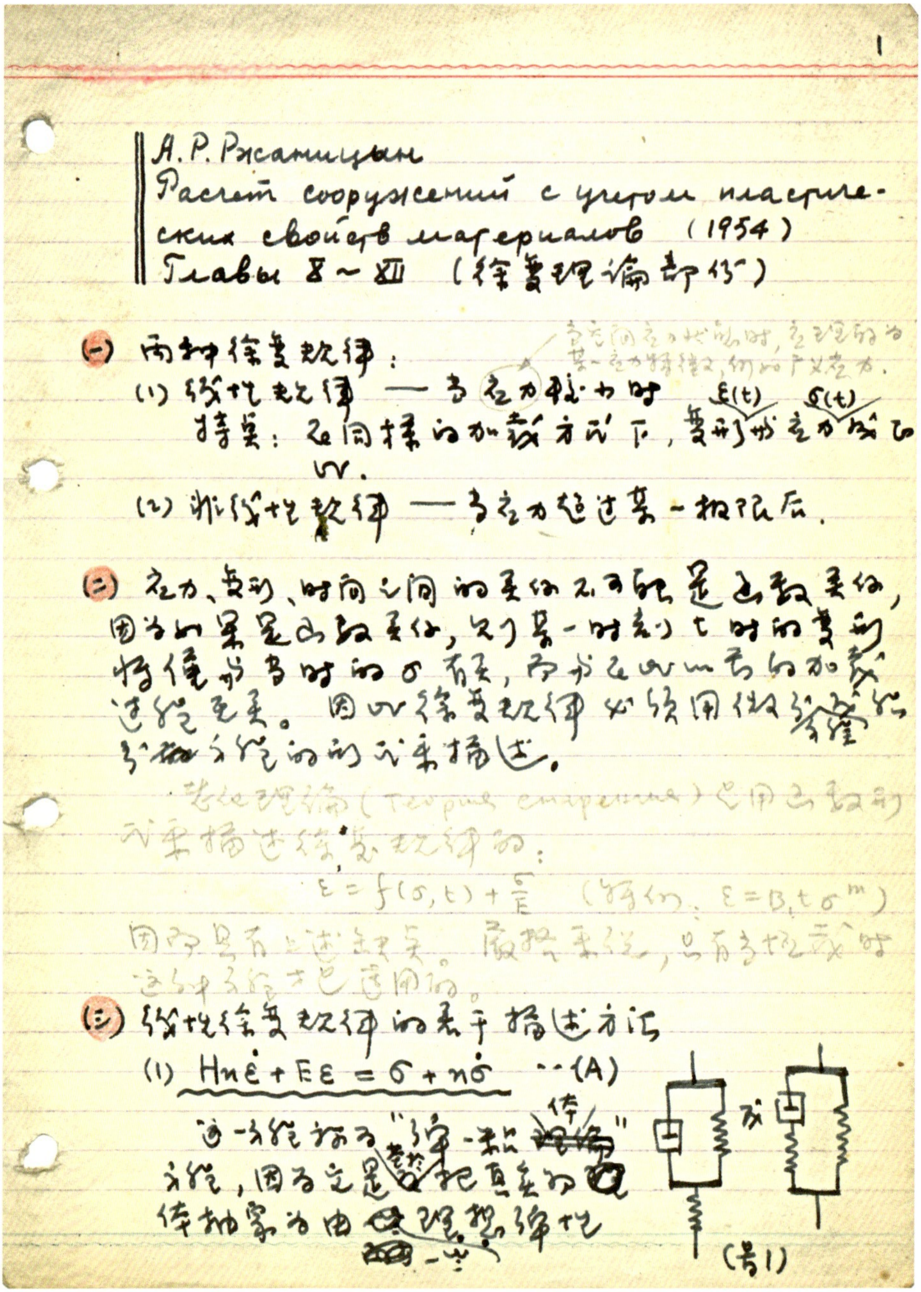

А. Р. Ржаницын
Расчет сооружений с учетом пластических свойств материалов (1954)
Главы 8～XII (徐变理论部份)

(一) 两种徐变规律：
(1) 线性规律——当应力较小时 $\varepsilon(t)$ $\sigma(t)$
特点：在同样的加载方式下，变形与应力成正比。

(2) 非线性规律——当应力超过第一极限后。

(二) 应力、变形、时间之间的关系不可能是函数关系，因为如果是函数关系，对于同一时刻 t 时的变形特征将为时间 σ 的函数，而成为以此时的加载过程无关。因此徐变规律必须用微分关系或积分关系的式来描述。

老化理论 (Теория старения) 是用以下的形式来描述徐变规律的：
$$\varepsilon = f(\sigma, t) + \frac{\sigma}{E} \quad (例如，\varepsilon = B_1 t \sigma^m)$$
因而具有上述缺点。严格来说，只有在恒载时这方程才是适用的。

(三) 线性徐变规律的微分描述方法
(1) $Hn\dot{\varepsilon} + E\varepsilon = \sigma + n\dot{\sigma}$ ⋯(A)

一方称为"弹一粘"方程，因为它是粘性传动体与虎克弹性体的

(图1)

从事力学研究手稿（1）

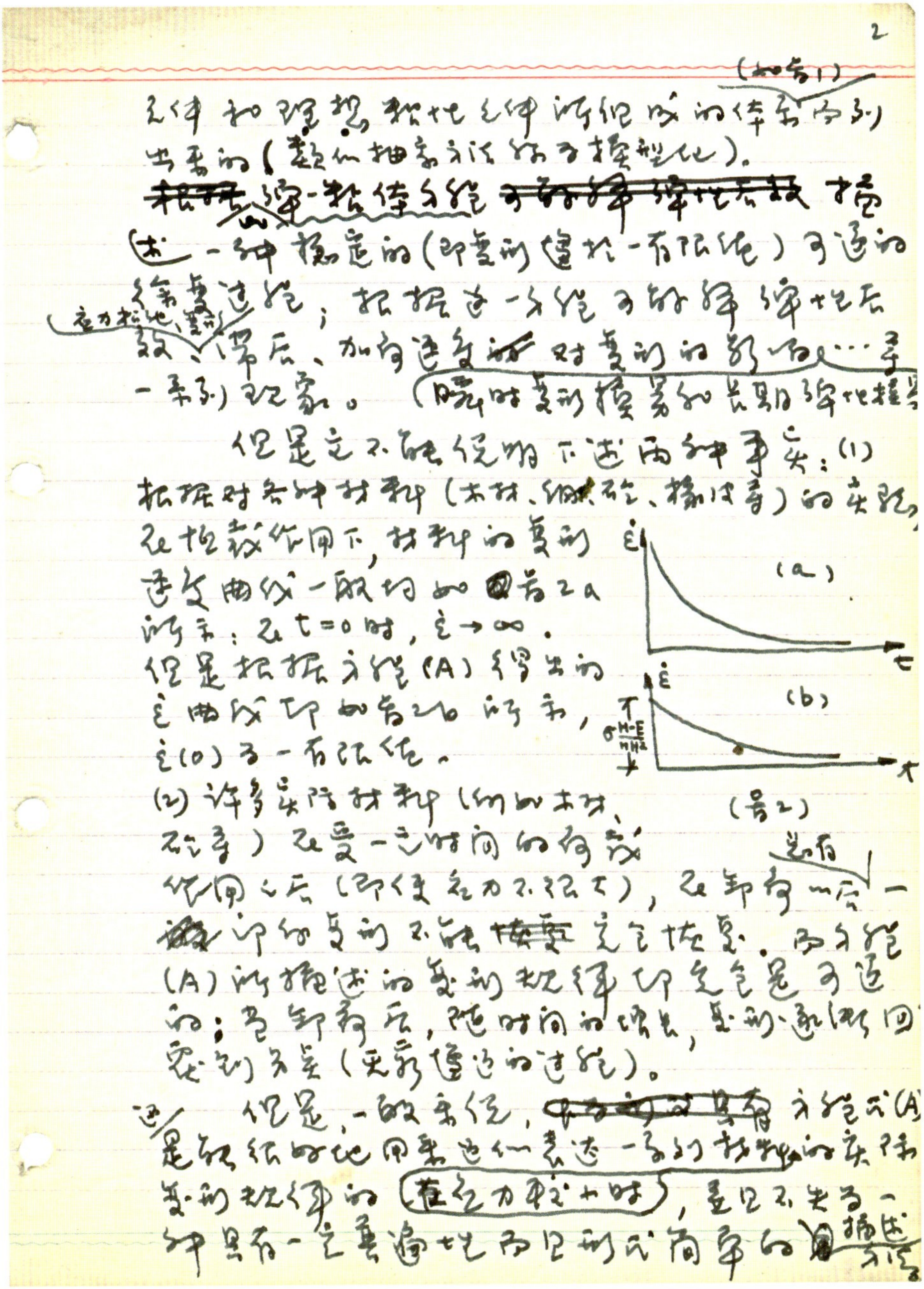

条件和理想边界性等所构成的综合问题
出发的（数学抽象到一种理想化）。

蠕变——整体弓形方向弹性后效描
述一种稳定的（即定的过程——有限值）弓运动
线变过程，根据一弓形方向弹性左
致一定后，加有适当时对变形的影响……手
一系列现象。（瞬时变形变形和长期弹性蠕变）

但是它不能说明下述两种事实：(1)
根据对各种材料（木材、橡胶、塑料等）的实验，
在拉载作用下，材料的变形 $\dot{\varepsilon}$
速度曲线一般如图2a
所示：当 $t=0$ 时，$\dot{\varepsilon} \to \infty$。
但是根据方程（A）得出的
$\dot{\varepsilon}$ 曲线却如图2b所示，
$\dot{\varepsilon}(0)$ 为一有限值。

(2) 许多实际材料（例如木材、
塑料等）在受一时间的有效
作用之后（所谓蠕变应力过了），在卸荷以后
一般都有的变形不能恢复它的位置。由方程
(A) 所描述的变形机理却完全是另一道
的：当卸荷后，随时间的增长，变形逐渐回
复到零（天影响过的过程）。

但是，一般来说，对事有方程式(A)
是能很好地用来表达一弓形材料的实际
变形机理的（在应力不大时），虽是不是一
种具有一定普遍性的问题式具有一定的限制。

从事力学研究手稿（2）

下列两种模型是方程(A)的特例：

(a) 粘弹模型(图3a)

$$\sigma = E\varepsilon + k\dot{\varepsilon}$$

(b) 粘性模型(图3b)

$$\sigma + n\dot{\sigma} = k\dot{\varepsilon}$$

(图3)

(2) $a_0\varepsilon + a_1\dot{\varepsilon} + a_2\ddot{\varepsilon} + \cdots + a_n\overset{(n)}{\varepsilon} = b_0\sigma + b_1\dot{\sigma} + b_2\ddot{\sigma} + \cdots b_m\overset{(m)}{\sigma}$ ……(B)

日这是更一般的弹-粘性方程。随着方程式中取的项数以及各项的值的不同（例如 a_0 或 b_0 是否为零等）方程式所描述的变形规律 也有相应的变化（例如 $a_0=0$ 时，应变经过无限长时间可能是有限值或无限增大，而且即使反变形也不会恢复）。

但是不管怎样，方程(B)所给出的变形时应变曲线切线斜率总是关于b的函数。

方程(B)的适用意义不大，因为它相对于方程(A)显然并不能够更恰当地表达对变形规律的描述，但是却增加了不少数学困难。

[凡属上]

从事力学研究手稿（3）

(线性记律的)

(3) 更一般的描述方法是採用下面的公式：

$$\varepsilon(t) = \frac{\sigma(t)}{H} + \int_{-\infty}^{t} K(t-\theta)\sigma(\theta)d\theta \quad \cdots (C)$$

或 $\varepsilon(t) = \frac{\sigma(t)}{H} + \int_{0}^{\infty} K(\tau)\sigma(t-\tau)d\tau \quad \cdots (C')$

式中 $K(t)$ 称为"影响函数"。它的物理意义：如果 $t=0$ 时加上恒应力 σ_0，则 t 时间的应变为

$$\varepsilon(t) = \sigma_0 K(t)$$

或 $K(t) = \frac{1}{\sigma_0}\varepsilon(t) \quad \cdots (D)$

由此得出用根据定义测影响函数 $K(t)$ 的方法。

採用不同的 $K(t)$，可以得出不同的变形规律。如果把 $K(t)$ 取为如若干个指数的组合，则所得的变形适合所谓指数规律。常用的且有一般意义的这种变形规律为：

$$K(t) = \frac{Ae^{-\beta t}}{t^{1-\alpha}} \quad (0<\alpha<1) \quad \cdots (E)$$

由方程 (C) 所描述的是一种稳定的变形规律（变形值为一有限值）。

（所取 $K(t)$ 使 $K(t)$ 对应的变形，变形规律也稳定。如果 $\int_0^\infty K(t)dt \to \infty$，则⊙是有限值时，变形值随时间增而变大，而且即有应力变形不能恒定。

当 n=∞ 时的方程

方程(A)和(B)可以看作是方程(C)及(C')的特例：
(a) 如果取 $K(t) = Ce^{-at}$，则得方程(A).
(b) 如果取 $K(t) = \sum_{i=1}^{n} C_i e^{-a_i t}$，则得方程(B).
                                                            (n=∞时)

一般的说方程(B)与它(C)有什么关系呢?

要用方程(C)及(C')来描述材料蠕变行为时，……………方程(A)和(B)一样，蠕变的规律比……………（即蠕变已充分发展的方式）和不适用（即即将发生蠕变的开始阶段）都已经成立一样的：即如果蠕变已经完成时，则蠕变规律也是这样的；如果蠕变已经开始的状态时，则蠕变也已经已完成的蠕变状态。

(四) 非线性徐变规律的若干描述方程

(1) Квазилинейная зависимость
(Теория наследственности)

$$f[\varepsilon(t)] = \frac{\sigma(t)}{H} + \int_{-\infty}^{t} K(t-\theta)\sigma(\theta)\,d\theta \quad \cdots (F)$$

— Ю. Н. Работнов 提出

$$\varepsilon(t) = \frac{\sigma(t)}{H} + \int_{-\infty}^{t} K(t-\theta) f[\sigma(\theta)]\,d\theta \quad \cdots (G)$$

— М. И. Розовский 提出

$f(\varepsilon)$ 和 $f(\sigma)$ 的形式由实验决定

现在式(G)中常用的 $f(\sigma)$ 形式为 $f(\sigma) = \sigma^m$

Квазилинейная зависимость 能很好地描述许多挑战性变形过程，但它还不能反映下述事实：在实际材料中持续性变形一段后体积者变到的稳定值与其他（即最后变到的应变由外加应力达到应变的速率不稳定的），记它为 (F) 如 (f_a) 用批注 所取 $K(\varepsilon-\theta)$ 等的规定也都不能反映这一情况。

(2) $\begin{cases} E\varepsilon = \sigma & (\sigma < \sigma_T 时) \quad \cdots (H_a) \\ nE\dot\varepsilon = \sigma - \sigma_T + n\dot\sigma & (\sigma > \sigma_T 时) \quad \cdots (H_b) \end{cases}$

(也已一部 Toupue Tereninl)

这一表达式是 粗略的，在第一阶段 $(\sigma < \sigma_T 时段)$ 完全会略去粘向用着粘向的，因为也没法了解粘向弹性模量 H 和长期弹性模量 E 的区别）。(略掉了)

这一表达式与流质的地表运动等的知识与空间（在率限下）的结果相符。

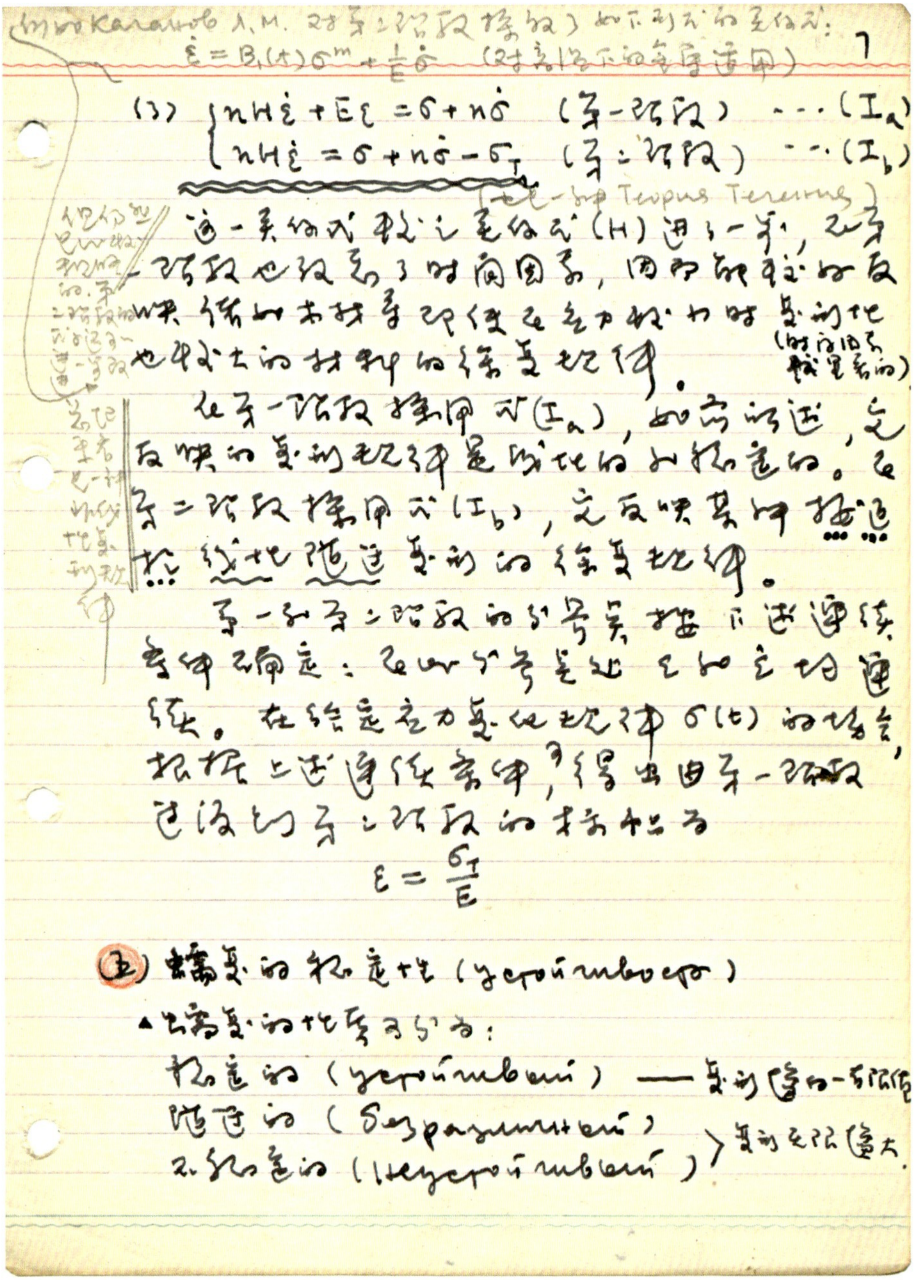

从事力学研究手稿（7）

▲判别方法（对阻尼的和不稳定的系列来区，苦头也就能定义）

设系统的函数 $K(t)$ 进行如下积分：

$$\int_0^\infty K(t) e^{-pt} dt$$

如果 $p=0$ 时积分收敛，则系列是稳定的。
如果 $p>0$ 时积分收敛，但 $p=0$ 时发散，则系列是阻尼的。
如果 $p>0$ 时也发散，则系列是不稳定的。

▲实际材料在变形过程中，往往第一阶段变形有稳定的性质，而随后又逐渐转变成阻尼的和不稳定的。这种稳定性的转变，是由材料内部结构的逐渐改变而导致的。

在主力和变形很小时，材料的变形往往是线性的和稳定的（线性和稳定性往往是连在一起的）。当材料的非线性变形积累到伴随着变形稳定化的改变，由于线路上的稳定性逐渐过渡到阻尼的和不稳定的性质。在迟滞变形理论时也应该考虑到实际材料的这些特点。

从事力学研究手稿（8）

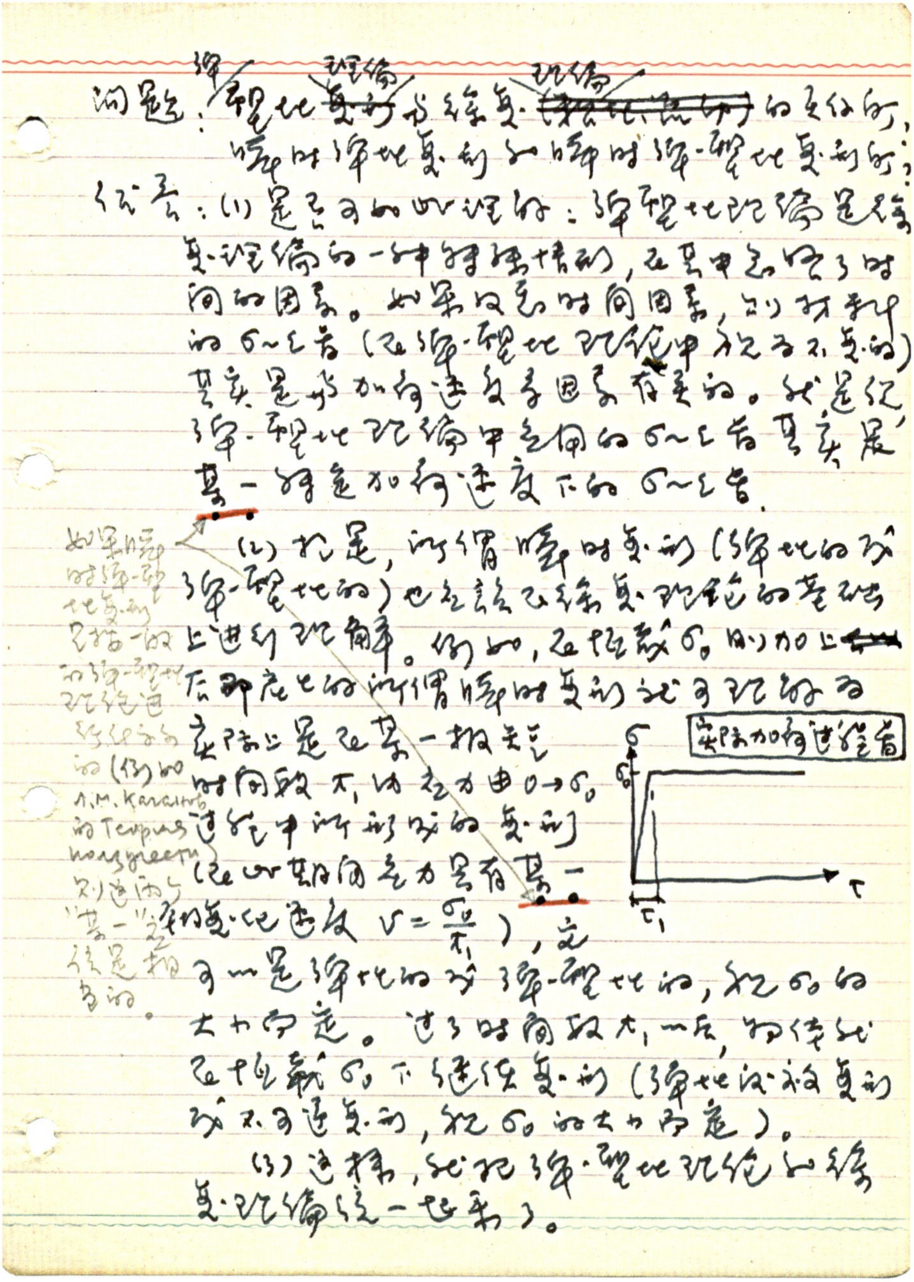

从事力学研究手稿（9）

引又资补料入右 H.M. Беляев
Сопротивление материало[в]
Глава XXIX (1954)

Л.М. Каганов
Теория ползучести (1960)

(一) 李老之要研究金属已高温下的蠕变。典型的恒应力下的蠕变曲线为:

[图: 蠕变曲线 ε-t, 标注 A、B、C、D 点]

这种蠕变曲线的形式经明, 变形是此处终的, 蠕变的结果如到导致破坏。随着σ加于第一瞬间(t=0)时, 变形刚刚就已发生的。但这种变形, 这时, 结此无关, 因为是没有印心去除去它的。在一般的应力下, 蠕变曲线的各个此段所表示的意:

OA段 — 瞬时变形, 弹性的或弹-塑性的。
AB段 — 不均匀蠕变 (неравномерная ползучесть)
       或不平稳蠕变 (неустановившаяся —"—)
BC段 — 均匀蠕变 (равномерная —"—)
       或平稳蠕变 (установившаяся —"—)

• 对高温下的金属来说, 蠕变之后一般的有加速的残余变形。(第程—加速阶段的此段)

从事力学研究手稿 (10)

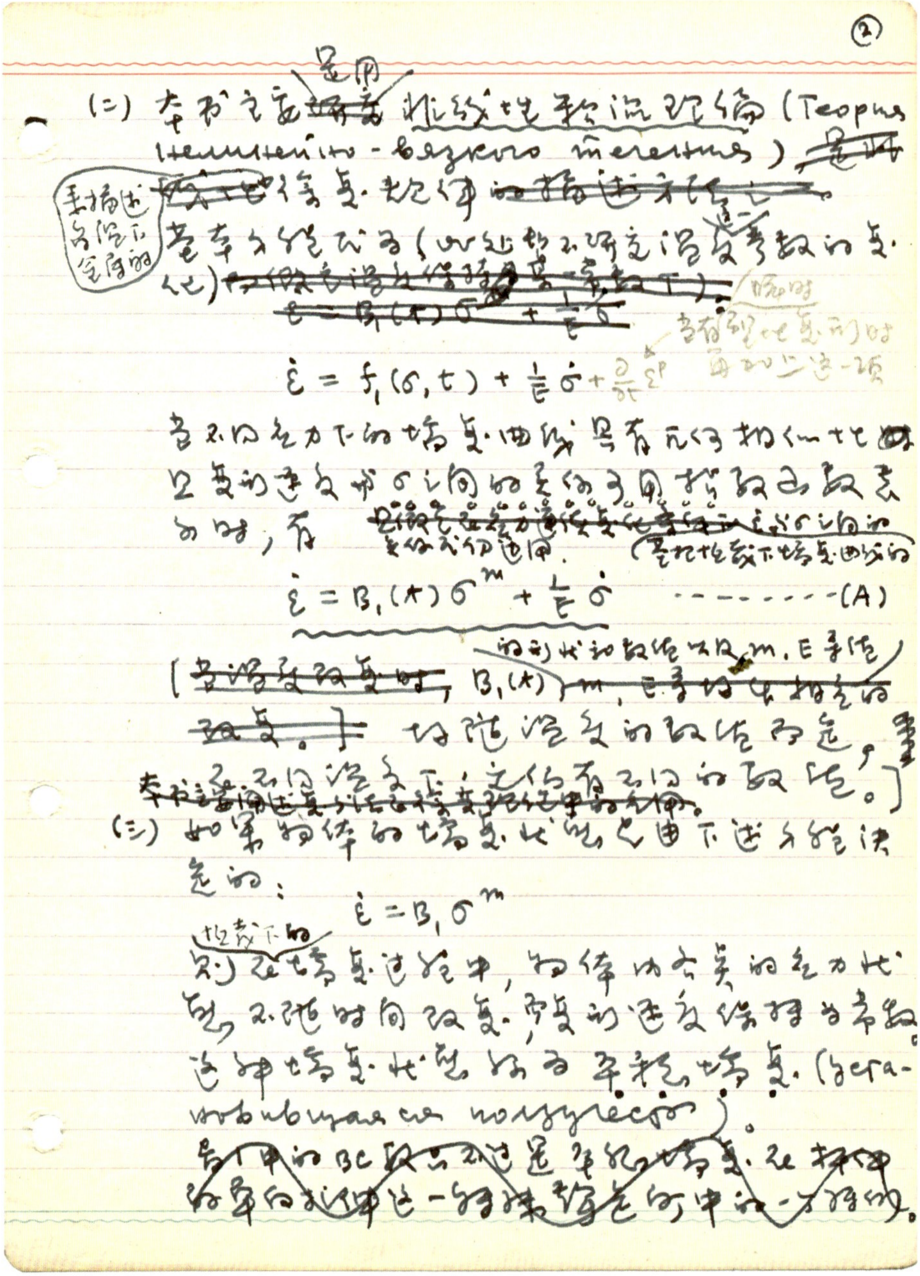

$$\varepsilon = f_1(\sigma, t) + \frac{1}{E}\sigma$$

$$\varepsilon = B_1(t)\sigma^m + \frac{1}{E}\sigma \quad \text{-------(A)}$$

$$\varepsilon = B_1\sigma^m$$

从事力学研究手稿（11）

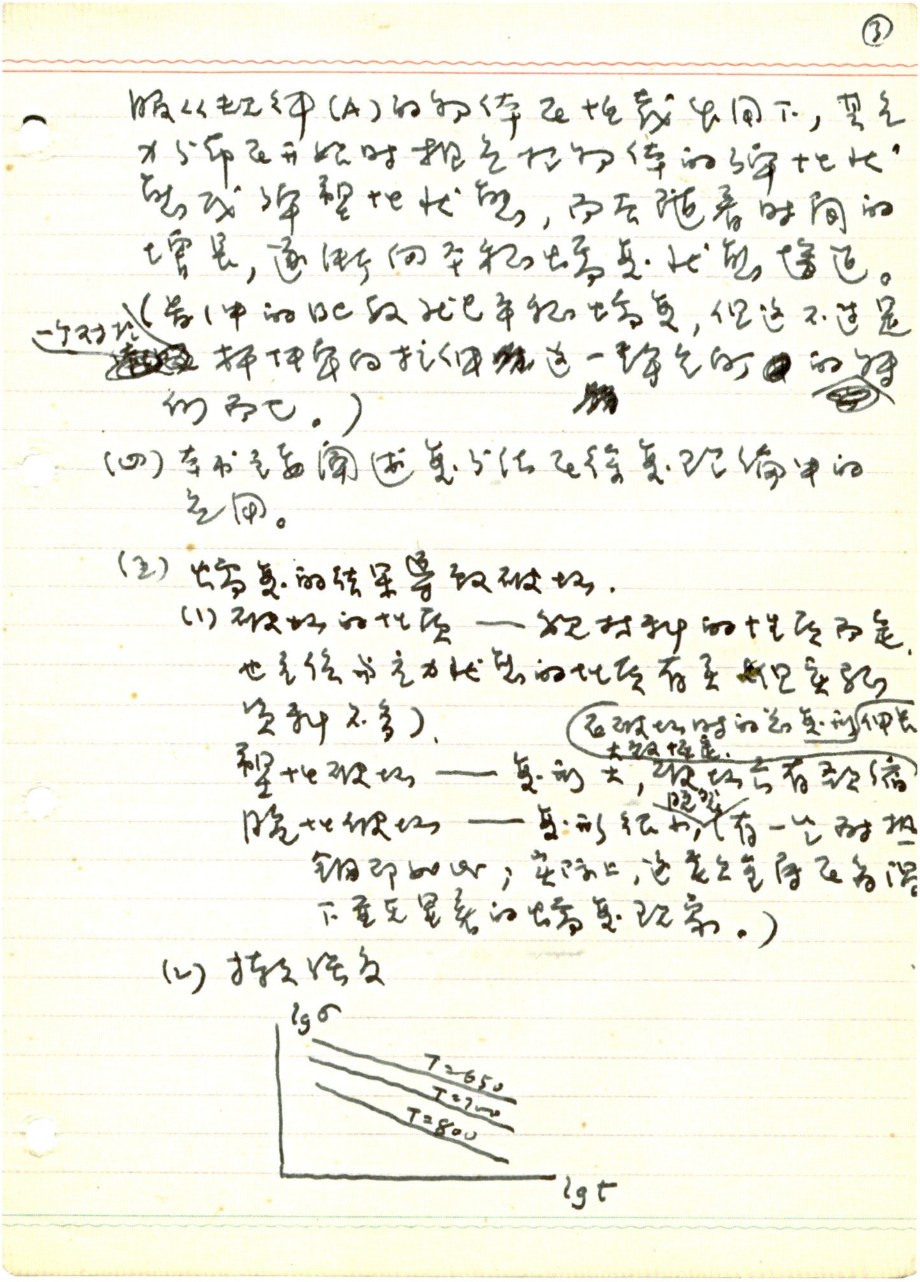

假设蠕变(A)的初停段性质相同下，受应力作用下开始时期之初停段的弹性比，趋于稳恒性恶定，它亦随着时间的增长，通常向着稳恒蠕变性恶逼近。

（对此，当中的比较比已率初蠕变，但这不是指任何金属材料都一样是的⊙的哪种。）

(四) 等恒高温应变方法在蠕变现象中的重要。

(3) 蠕变的结果导致破坏。
(1) 破坏的性质 —— 破坏材料的性质不是也受外来应力性质的影响至现金起意料不多)。

韧性破坏 —— 变形大，破坏前有预兆 [石破坏时的应变的伸长大致极缓]

脆性破坏 —— 变形很小，没有一点预兆现象；实际上，这是在高温下产生显著的蠕变现象。

(2) 持久蠕变

（lgσ vs lgt 图，三条线 T=650, T=700, T=800）

从事力学研究手稿（12）

Остаточная деформация — Деформация, остающаяся после прекращения действия на материал факторов, ее вызвавших (силовых, тепловых и др.), и деформация, накопившаяся за данный отрезок времени в результате изменений состояния материала (структурных изменений, усадки и др.)

Пластическая деформация — Остаточная деформация без макроскопических нарушений сплошности материала, образовавшаяся в результате воздействия силовых факторов.
Примечание: Термин применяется преимущественно в отношении тел кристаллического строения.

Упруго-пластическая деформация — Совокупность упругой и пластической деформации материала, находящегося под действием силовых факторов.

Вязкое течение (Течение) — Нарастание остаточной деформации материала, поведение которого при нагрузке аналогично поведению перекладывания жидкостей.

Текучесть — Нарастание во времени пластической деформации материала не связанное с повышением напряжений.

从事力学研究手稿（13）

Ползучесть — Медленное нарастание во времени пластической деформации материала при силовых воздействиях, меньших, чем те, которые могут вызвать остаточную деформацию при испытаниях обычной длительности.

Примечание: При пользовании термином необходимо указывать условия испытания, в частности температуру.

Последействие — Изменение во времени деформации после того, как закончился процесс изменения нагрузки (нагружения или разгружения полного или частичного), или изменения во времени напряжений или усилий при зафиксированной во времени общей деформации тела.

Примечание: К этому термину добавляются слова "упругое", "пластическое", "упруго-пластическое", в зависимости от того, в каких условиях происходит явление последействия.

Наклеп — Изменение свойств и состояния материала, вызванное пластической деформацией (изменение структуры, свойств, остаточного напряженного состояния и т.д.)

从事力学研究手稿（14）

Старение — Изменение свойств материала во времени вследствие внутренних процессов, без существенного изменения микроструктуры.

   Примечания: 1. К этому термину добавляются слова "после наклепа", "после закалки" и т.д., в зависимости от того, что явилось начальной причиной такого изменения.

   2. Термин применяется в отношении изменения свойств при комнатной температуре, при пониженной температуре и при относительно не высоких температурах.

Возврат — Старение, выражающееся в приближении к исходным свойствам материала (например, к свойствам не наклепанного материала).

   Примечание: При пользовании термином необходимо указывать в отношении какой характеристики свойств имеет место возврат.

从事力学研究手稿（15）

组建小家庭

作为年轻教师，沈世钊很受学生们喜爱，大家普遍反映他思维敏捷，逻辑清晰，讲课深入浅出，甚至无论做什么事情都从容不迫、游刃有余。从1953年到1965年，从20岁到32岁，一个人最富有激情、最富有抱负的12年，沈世钊把精力都放在了学习、教学和科研上，没有工夫考虑自己的人生大事。

即便现在已是90岁的耄耋老人，沈世钊的样貌依旧剑眉星目、硬朗俊挺，更别提年轻的时候了。彼时的他，英俊潇洒有活力，有着炯炯有神的眼睛和高高的鼻梁，虽然是南方人，但身材高大、玉树临风，加之性格随和，工作能力强，很受姑娘们的注意。只是，沈世钊不算一个在男女感情上敏感的人，直到1965年才出现了"水到渠成"的微妙变化。

这一年，沈世钊和同事王仲秋等教师一起带学生到加格达奇实习。加格达奇位于黑龙江省西北部、大兴安岭山脉的东南坡，现在归属黑龙江大兴安岭地区管辖，在1965年的时候，只是一个刚刚开始建设的边陲小镇。沈世钊、王仲秋他们在这里待了近半年，两人彼此产生了不一样的感情。

王仲秋生于1936年八月十五中秋节，所以家人给她起名仲秋。她的父亲早年在哈尔滨铁路局工作，1958年调到铁道部后，举家搬迁到了北京。王仲秋1955年9月考入哈工大土木系，继续留在哈尔滨生活。这期间，沈世钊已经开始走向讲台，给王仲秋他们主讲"木结构"。他们两人虽然彼此早已认识，但也仅仅是师生关系而已。

许多年之后，有一次王仲秋对孩子们说，你们的爸爸课讲得很精彩，很受欢迎，不过平时会有一些习惯性的小动作，就连他本人也没有意识到。有一次学生们开联欢会，其中有个节目是模仿任课老师让其他人猜是谁，台上同学表演的就有这种小动作，大家马上就能猜到是他。

1960年毕业后，王仲秋留校工作，与沈世钊成了同事，而且两人的办公室相邻。"飞花逝水初无意"，他们最开始只是止步于同事关系，直到通过这半年的天天接触，才明白彼此有多好。更重要的是，两人性格和追求也都很合拍，沈世钊不疾不徐，王仲秋娴静温和，也都醉心于科教事业。

1966年，两人终于确立了恋爱关系。在那个火热的年代，婚姻也讲究效率，一般人都是经人介绍，觉得合适很快就会结婚。但他们并不着急，从确立关系到步入婚姻殿堂，"又谈了4年"，直到1970年才领证，这时候沈世钊37岁，王仲秋34岁，属于十足的晚婚。

1972年12月，两人的女儿沈肖励出生。"肖"是"肖似"，而"励"是"钊"的意思，夫妻俩对女儿最大的期望，是她将来能够成为和父亲一样正直善良的人。1975年5月，儿子沈嘉励

第三章 扎根东北

沈世钊与妻子王仲秋结婚照（1970年）

沈世钊与子女合影（1982年）

在浙江嘉兴老家出生，再次给这个温暖的家庭增添了无限欣喜。沈嘉励在嘉兴生活一年多后，跟随退休的祖母蒋汉玉一起回到哈尔滨。

　　由于时代原因，当时有段时期正常的教学科研秩序受到破坏，校园里教师们有了一些"闲暇时光"，于是教研室掀起了"手工打造家具"的热潮，大家纷纷像搞科研一样，动手当木工。沈世钊也跟着大家学起来。他断断续续做了三样东西：一张床，一个柜子，一个沙发。这些东西都做得很精细且耐用。王仲秋有时候调侃他"别人做一个沙发大概一个星期，你做一个得两个月"，但也是自豪的，因为"沈世钊出品"就是质量的保证。的确，沈世钊实在是太仔细了，打家具也是"规格严格，功夫到家"，每个卯榫结构不管多小，他都一遍一遍反复测量和打磨，直到完美。

　　沈世钊和王仲秋相互理解，相互支持，相互欣赏，两个人相濡以沫，携手走过了45年，直到2011年，王仲秋因病去世。沈世钊的老同事巴恒静说："沈老师和王老师工作努力，成果突出，在我们学院有很深的影响。他们夫妻和谐，感情非常深，是我们的楷模。"

第四章

科研转向

不止木结构

"我从小念书,不参加政治活动,当时不自觉地走的是读书救国的道路。解放时正念高中,对共产党没有什么认识,但看到新中国成立后社会气象一新,生产欣欣向荣,人民生活安定,也感到十分兴奋。新中国成立以来,自己的学习和工作道路一直较为顺利。"这是沈世钊在申请入党的自传里写下的话。

"文化大革命"期间,沈世钊没有荒废自己的业务,相反,他总是抓住一切机会不断提升自我。土木工程体现了人类改造自然的智慧,是人类文明的重要载体。欧洲的古代建筑多以砖、石材料为主。我国的古代土木工程成就辉煌,尤其在木建筑方面独树一帜,形成了特有的木构架建筑体系。有一段时期,他对中国的传统木结构产生了浓厚的兴趣。

重修于782年的山西南禅寺大殿是中国现存最古老的木构建筑物,建于1056年的应县木塔是现存最高的古代木构建筑,始建于857年的山西佛光寺大殿是中国现存最早的木构殿堂,始建于1406年的故宫是世界上规模最大、保存最完整的木结构宫殿建筑群……沈世钊对中国建造的木结构如数家珍,也曾多次去实地考察。

人生总是充满奇妙的不确定性。这期间,镜泊湖水电站的一个项目,成为沈世钊第一次参与的非木结构工程实践。镜泊湖位于黑龙江省宁安县(今宁安市)、松花江第二大支流牡丹江的中

1977年,考察山西佛光寺大殿木结构

上游,原有的镜泊湖水电站为1938年至1942年日伪统治时期修建。由于当时历史条件的限制,这个工程遗留下许多先天性的严重缺陷。1968年11月,国家开始对该水电站进行扩建。其间,出现一个情况——水电站压力钢管变形。在水力发电厂中,用来输送极大水压水流的钢质管路就是压力钢管,会承受水从高处向低处水轮机冲下时的极大压力。压力钢管长期使用情况下,需要执行定期的检测、维修以及修缮工作,用于防止灾难性故障而可能导致的严重安全问题。

发现压力钢管变形后,沈世钊和几位同事受邀去帮忙解决问题。沈世钊积极开展了用薄膜理论计算多跨连续圆柱壳的研究,探讨了将薄膜理论转化为"考虑剪切变形的梁理论"的可能性和条件。通过计算,确定钢管没有坏,只需要维修就可以。沈世钊通过把一个已知的理论用在工程上解决新的问题,完成了创造性的运用。沈世钊还将相关研究成果写成了一篇论文。

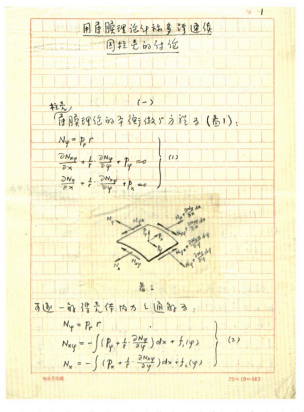

沈世钊手稿《用薄膜理论计算多跨连续圆柱壳的讨论》

新中国轰轰烈烈的工业化进程离不开木材的大规模持续供应，但到了20世纪70年代，国内木材资源明显不足、木材结构性短缺趋势日益加剧，再加上国家缺乏外汇、无力进口木材等原因，木结构在工程应用方面日益式微，我国木结构的研究工作也因此逐渐丧失了继续发展的动力。当时，国内基本上所有从事木结构的人都陆续转行了。

有了镜泊湖水电站项目的经历，沈世钊也不再把自己局限在木结构的领域里。他根据对建筑业发展走势的前瞻性思考，开始涉猎一些相邻学科的具体问题，拓宽自己的知识范围，也夯实必要的理论基础。用他的话来说就是，"自从1972年以来，我经常搞一点结构力学、钢筋混凝土结构和钢结构方面的教学、科研,并开始就一些具体问题进行探讨实践"。

新中国成立以来,为适应经济建设和编制规范的需要,国家陆续颁布了各类设计标准,如1952年颁发了第一本工程建设标准《建筑物设计暂行标准》,1955年根据苏联木结构标准编制了《木结构设计暂行规范》,1973年颁布了《砖石结构设计规范》等,对社会主义建设起到了极大的促进作用。然而,沈世钊敏锐地发现了一个问题——各类结构的计算方法没有统一,给规范的学习和使用带来一些不便。他认为,统一各类结构的计算方法,会成为今后的重要课题之一。

《对统一结构计算方法的一点意见》手稿

"各本规范的计算方法在形式上虽各有不同,但在拟定的过程中,都是采用经验与统计相结合的、多系数分析的极限状态设计方法,它们关于结构承载能力极限状态的分析表达式基本类似。因此可以认为，所谓统一结构计算方法的问题，实际上主要是指统一结构计算的设计表达式……"1977年2月，沈世钊撰写的《对统一结构计算方法的一点意见》被国家建委木结构规范管理组选中，于同年5月发表。后来，他还受邀在全国建筑结构安全会议上宣读了这篇文章。

由于在教学科研上的出色表现，1978年12月，沈世钊被评为哈尔滨建筑工程学院副教授，这一年他45岁。比沈世钊年长的钟善桐，也是这一年评上的副教授。钟善桐1919年出生，当年虚岁已经60岁。沈世钊回忆说："我们那个时候职称不好评，现在是每年都评，我们那时就1956年评过一次，1963年评过一次，然后到1978年，才又评了一次。"回忆起这些点滴往事，沈世钊觉得既温馨又美好，仿佛仍历历在目。

去美国留学

1971年4月，"乒乓外交"创造性地"以小球推动大球"，开启了中美关系正常化的历史性进程。同年10月25日，中国恢复联合国合法席位。1972年2月，美国总统尼克松访华。到1973年底，我国已基本上完成同美国以外的发达国家的建交过程。1975年12月，美国总统福特访华，进一步推动了中美关系正常化。

这一时期，新中国同以美国为首的西方国家关系逐渐缓和，为了更好地学习世界先进技术，1978年8月4日，教育部下发《关于增选出国留学生的通知》，通知明确：

选拔范围：从高等院校教师、科研机构的研究人员以及科技管理干部、企事业的科技人员中选拔。

选拔条件：业务方面，要求基础理论扎实、专业水平较高，有一定外语水平，并具有两年以上本专业的工作经验。政治方面，须符合出国条件，主要以本人的政治表现为主。身体健康。年龄为40岁左右。

选拔程序：需经派出单位初选、全国外语统考、省级高教行政部门复审、教育部审核通过。实行外语统考，由教育部统一命题。考试由各省（区）、市主管高等教育的部门组织。考试分笔试和口试两部分，笔试满分100分，口试采用5分制。

作为各方面都比较符合条件的人选，沈世钊被学校直接推荐了上去，很快得到通知，于9月15日参加了"教育部1978—1979年出国预备生、研究生和进修生英语考试"。令沈世钊感到意外的是，他竟取得黑龙江省第一名的好成绩，获得第一批出国访学的机会。

沈世钊学英语的时间并不长，底子其实并不厚重，能够脱颖而出，完全靠自己中学打下的基础和短时间内的突击复习。这是他第一次出国，对外面的一切都不熟悉，"未雨绸缪，所以特别认真，特别当回事"。当时，王光远跟美国里海大学（Lehigh University）有联系，知道符立兹工程研究所（Fritz Engineering Laboratory）的钢结构研究在全球闻名，就建议沈世钊给那边写信沟通，去里海大学做访问学者。

万事俱备，1979年10月1日，沈世钊一行出发，在巴黎转机，随后飞往美国，开启了为期两年的留学生涯。美国当地报纸还报道了沈世钊他们抵达里海大学的情况。

美国当地报纸关于沈世钊(后面站立者)等访问学者抵达里海大学时的报道

初到美国,沈世钊感觉政治方面比较有压力,由于美国的媒体一贯抹黑中国,所以当时很多人对中国充满误解。沈世钊回忆说:"当时我们跟美国人接触相对较少,跟美籍华人和港、台来的学生接触较多,他们对中国内地的看法非常不好。"有一次,他同一些华侨聊天,向他们介绍祖国欣欣向荣、繁荣发展的新形势。一位爱国华侨不解地问道："沈，你描述的怎么与我们听到的不一样？"面对这些情况，沈世钊有一种强烈的使命感，他觉得有责任、有义务通过自己的言行正本清源，维护祖国的真实形象。

研究钢结构

里海大学位于美国东海岸宾夕法尼亚州伯利恒，建于1865年，是美国一所一流的私立研究型大学，以工程科学闻名于世。它与中国的缘分可以追溯到19世纪，当时清政府决定选派一批幼童赴美留学，里海大学是首批公开邀请中国学生的美国学府之一，学校早期与铁路工业紧密联系。

里海大学依山而建，环境优美，距离纽约仅2小时车程。符立兹工程研究所以钢结构稳定和高层钢结构分析闻名于世，其科研环境和设施比国内强很多。当时的沈世钊已经46岁，深感时不我待，以极大的热情投入到了工作中。

作为副教授，沈世钊深知自己来美国的任务同青年学子不一样。他当年师从苏联专家卡岗教授，任教后讲课水平和研究功底都很不错。在美国符立兹工程研究所，沈世钊合作教授的研究方向主要是高层钢结构以及梁柱节点构造方面的研究。"因此我也就做这两个方向，实际就是帮他做。"沈世钊就这样确定了自己在符立兹工程研究所的研究课题。

当时，沈世钊面对的第一个问题是计算机的应用。在国内时，沈世钊没有用过计算机，来到符立兹工程研究所，都是用计算机，需要自己编计算程序。合作教授给了沈世钊一本关于软件介绍和使用方面的书，"我一看不是很难，就是讲这个机器怎么用，这个软件的语言怎么编写"。沈世钊从头到尾学了一遍，"我编了以后就会算了"。因为计算机的使用，工作效率也大幅提升，沈世钊觉得"很了不起，可以用计算机来帮我做研究了"。

经过两年的学习，沈世钊对于美国在结构领域，尤其是钢结构领域内的技术发展概况有了深入了解。在回国之前，沈世钊在自己的工作总结中写道：

> 结构理论近二十年来的发展，与计算机的广泛应用息息相关。各种数值计算方法蓬勃发展，许多复杂的结构计算问题，包括物理上、几何上的非线性问题，均可得出数值结果。很多具体因素均可放到计算中去考虑。因此，通过做一些近似假设以求得解析解的传统做法正在逐渐被取代。结构试验作为检验理论的标准，其根本意义仍然存在，但日益精确化的理论预测的确也可以代替许多重复性的昂贵的试验。但是，仍然有相当一部分结构问题（例如疲劳和脆断）必须主要依靠试验。因此，结构理论发展的第二个方面是试验技术和试验设备的现代化。可以说，日益精确的理论预测和日益完善的实验技术，构成结构领域技术发展的两大特点，起相得益彰之效。在考虑我国今后在这一领域的发展方向时，上述两方面是值得借鉴的。

这期间，沈世钊还跟其他学者合著了一本书。在里海大学，听了吕烈武教授讲授的钢结构稳定课程后，沈世钊觉得他"讲得非常系统、非常完善,比国内当时的钢结构稳定课讲得系统多了",就想把相关内容介绍回国内。吕烈武跟沈世钊同岁,来自中国台湾,是钢结构稳定及塑性分析的工学博士,在美国读博后留在里海大学工作。跟吕烈武商量之后,他也赞同,并且提供上课的讲稿。于是,沈世钊与来自同济大学的两位访问学者沈祖炎、胡学仁合作,在吕烈武讲稿的基础上,看了大量的参考书,重新进行了组织,合著了《钢结构构件稳定理论》一书,将国外钢结构稳定方面的最新成果介绍给国内读者。该书1983年在国内出版后受到广泛好评,后获得建设部首届全国优秀建筑科技图书部级奖一等奖。到现在为止,几十年过去了,很多人还把这本书当作教材来使用。

沈世钊(右二)、沈祖炎、胡学仁与符立兹工程研究所所长皮特尔合影(1981年)

思考与观察

除了课题以外,沈世钊还帮研究所的合作导师带了一个硕士和一个博士研究生。作为一名教师,教书育人在沈世钊看来是最根本的任务,他也想多了解美国的教育体制和育人方式。通过与美国学生的沟通和日常观察,沈世钊对美国高等教育也进行了自己的思考和理解。

在回国前的工作总结中,他记录下了自己的观察:

美国一般大学生业务水平并不高,属于打基础性质,大都在参加工作后需要再提高。里海大学的大学教学据说是比较认真的。但据我看来,土木系的几门结构课程不值得效法。教授对学生照顾不多,教学方面注重实用。学生质量两极分化明显,部分学生独立工作能力很强,部分学生质量则极差。

美国对研究生的培养有些长处。对硕士研究生开设系统的专业课程,对打好扎实的基础很有好处;对博士生的论文选题有一定要求,但也符合实际,一般来说,美国博士水平比日本低,比苏联更低。

我国高等教育五十年代系统地学苏联,之后走了一段自己的路,目前又放眼西方。应该说,我们已经有很多经验,我们已完全有可能制定一条适合我们自己发展的路。

师资水平是学校教学、科研水平的决定性因素,这一点在美国也十分明显。

美国大学教师在获得博士学位新参加工作的六七年间，竞争激烈，工作刻苦勤奋。连同写博士论文的三四年时间，一共十年寒窗苦读，业务基础一般都在这个时期打好（25～35岁）。当升到副教授以后，变成"铁饭碗"，有一部分人就变得怠惰起来。在升职提薪时，论文数量是主要衡量标准之一，因此教师们（尤其是年轻教师们）竞相发表论文，学术上变得繁荣、活跃。另一方面，也不乏粗制滥造之弊端。从学校行政角度，对每位教师的教学工作均有一定要求。不管你做工程还是做研究，每年都必须讲几门课。此点值得我们效法。

我国在师资提高方面有一定经验。从目前来看，一窝蜂搞科研不是最好的办法。我觉得，按照不同水平，要求教师们准备不同类型的新课（包括大学生课和研究生课），是目前师资提高的一个

沈世钊（右一）与来自日本和土耳其的两位访问学者合影（1980年）

有效途径。这样做，基础扎实，见效快，且对提高学校教学和研究水平有长远影响。目前我国还缺乏系统的定型的研究生课程，上述办法实为必要。

除了做课题、带学生，沈世钊还写了5篇文章发到里海大学的学报上，其间还参加了两次国际会议，可以说是把时间用到了极致。但这样的状态，沈世钊一点也不觉得累，他说："好不容易到美国去，那当然是很认真。"对待生活，他选择朴实又健康的方式，不以外面世界的"精彩"来点缀自己的生活；对待同事，他不卑不亢，有礼有节，既体现中华民族礼仪之邦的风范，又不忘捍卫祖国的尊严；对待工作，他投入而忘我，始终不忘国家的派遣赋予他的责任。两年下来，沈世钊依靠自己的工作表现，获得了周围人的认可，得到了许多外国同事和华侨朋友的好评，实现了他的目标——用行动来表现，不管是从业务方面还是生活上，我们中国大陆来的人不比任何人差。

在回国前的自我总结中，他写道：

我们出来的主要任务是业务上的学习和考察，所以我想，正确的思想作风首先应表现在勤勉努力、认真踏实、谦虚谨慎的学风上。在这方面，自己经常在注意，但并不比很多同志做得更好。

前几年国内某些方面工作做得不够好，加上部分人崇洋思想较严重，在国外朋友和爱国侨胞中留下一定的消极影响。在这种情况下，一方面觉得根本的解决固然在于把国内的工作搞好，加强正面的（尤其是对青年的）思想教育工作。另一方面，也产生一种使命感，觉得应该通过我们这些人的行动，把社会主义祖国的精神面貌（例如对国家前途的信心、作为一个中国人的自豪感、实事求是的科学态度等等）体现出来，用以感染国外朋友和爱国侨胞。在这方面，我也同样并没有比许多同志做得更好，无非有这么一点责任心在激励自己而已。

总体来看，两年来，在业务上多少有点收获，但偏处里海一隅，近年来里海土木系不太景气，所以终觉眼界不够宽。此外，由于自己睡眠不好，精力不济，虽然觉得想做的事很多，总有心有余而力不足之慨。恐难免有负国家和学校之期望。勉力而已。

在1985年的入党自传中，沈世钊在回顾自己在美国两年的生活时，也再次写道："通过自己的言行来展示祖国的真实形象，我觉得我们做到了这一点，我们得到了爱国华侨和华人教授们的尊重，而且我想我们也多少起到了使美国人民进一步了解中国的部分桥梁作用。"

沈世钊卓有成效的工作在以高效率著称的美国也并不多见。里海大学符立兹工程研究所所长皮特尔（Lynn S.Beedle）在给他的送别信中高度赞扬他的学术成果和做出的贡献，他说："多么希望我们能相聚更长一点时间，以便更多地讨论您在我们这里所做的工作成果。您做出如此杰出的成绩，为推进美中学术交流做出了巨大贡献。"同时，皮特尔在给里海大学主管科研的校长的报告中要求："希望争取另一位中国学者来此，能给予我们像沈世钊教授所提供的那样的帮助……"

1981年10月1日，沈世钊离开美国踏上归国之路。正好两年，一天也没有多。

LEHIGH UNIVERSITY
Bethlehem, Pennsylvania 18015
Telephone 215 861-3817

Fritz Engineering Laboratory
Building 13

October 8, 1981

Dr. Shi-Zhao Shen
Assistant Professor
Harbin Civil Engineering Institute
Harbin, People's Republic of China

Dear Shi-Zhao:

I wish that we had been able to spend more time together on October 2nd so that we could have discussed more about your work here. You made such a significant contribution. As I said at the time, your activities re-activated the fruitful interaction we had enjoyed with China up until the early 1950's.

May I use this occasion to thank you again and wish you the very best in your work at Harbin. Please continue to be in touch with me and let me know of your activities there. I trust that your reports can be processed rapidly here at Fritz Laboratory. I will do the best I can to see that that happens.

Sincerely yours,

Lynn S. Beedle

LSB:gk

符立兹工程研究所所长皮特尔给沈世钊的送别信

第五章
结构创新

吉林滑冰馆

1981年10月，沈世钊回到阔别两年的祖国。不久之后，沈世钊开始担任钢结构教研室主任，"就琢磨教研室得有些正确的研究方向才行"。根据当时国家建设事业发展趋向，高层建筑和大跨度建筑是代表国家建筑科技发展水平的两个新兴结构领域，"这两个都是当时很新的方向，我想我应该抓这个东西"。沈世钊打算以在里海大学的工作为基础，深耕高层钢结构方面的研究。

其间，沈世钊和符立兹工程研究所一直保持着较为频繁的交流，1982年1月29日皮特尔来信，介绍目前开展的学术工作和日常生活，希望与沈世钊加强学术合作与交流。沈世钊还在里海土木工程（美国）期刊发表论文《考虑柔性楼板的高层建筑子结构分析》。

但一次偶然的工程设计任务，使沈世钊进入了大跨空间结构的行列。大跨结构主要用于民用建筑的影剧院、体育场馆、展览馆、大会堂、航空港候机大厅等大型公共建筑，以及工业建筑中的大跨度厂房、飞机装配车间和大型仓库等。沈世钊与大跨结构结缘，纯是无心插柳。

1982年，哈尔滨建筑工程学院建筑系的梅季魁老师承接了一项设计任务——为第六届全国冬运会设计吉林滑冰馆。梅季魁专攻大空间公共建筑设计,尤其是现代体育馆建筑设计。梅季魁认为:"大空间公共建筑受结构制约很大,建筑设计构思与结构构思同步进行,反复修正完善是设计成功的关键。我们既不赞成孤立地进行建筑构思,让结构被动地勉为其难地配合,也拒绝结构先入为主、让建筑削足适履、本末倒置的悖理做法。"①他找到了沈世钊来负责结构设计。沈世钊完全同意对大跨度建筑的上述设计理念。他们两人作为搭档,之后又陆续合作过好几个项目,都延续了这种合作理念。

吉林滑冰馆是吉林冰上运动中心的主体工程之一,位于吉林市江南公园以北南大街以西的临江地段,供 1987 年 3 月举行的第六届全国冬运会冰上运动使用。梅季魁找到沈世钊是希望在结构形式上有所创新。当时我国空间结构的应用形式还比较少,从梅季魁的建筑方案来看,考虑到新结构的同时又要尽可能经济,最适宜采用悬索结构。

悬索结构是以一系列受拉的索作为主要受力构件,并将其按一定规律排列后组成各种形式的体系,悬挂到相应的支承结构上,通过索的轴向拉伸来抵抗外荷载作用,它可以最充分地利用材料的强度,大大减轻结构自重,使其在保证经济性的情况下能够具有较大的跨度。

我国现代悬索结构的发展始于 20 世纪 50 年代后期。北京的工人体育馆和杭州的浙江人民体育馆是当时的两个代表作。无论从规模大小还是技术水平来看,这两座建筑在当时都可以说是达到了国际先进水平。但此后我国悬索结构的发展停顿了较长一段时间。80

---

① 梅季魁,孙一民,侯叶.往事琐谈——我与体育建筑的一世情缘[M].北京:中国建筑工业出版社,2018.

年代初期，我国悬索结构总体水平仍然比较落后，工程实践有限，理论储备也不足，同国际发展水平相比差距较大。这种状态同当时蓬勃兴起的新的建设形势形成了明显的反差。在设计日益增多的如体育馆等一些大型公共建筑时，国内专家普遍感到结构形式的选择余地很有限，无法满足日益发展的对建筑功能和建筑选型多样化的要求。这种生产要求对我国悬索结构以及其他空间结构类型的发展起到了良好的刺激作用。①

沈世钊接下吉林滑冰馆的结构设计项目时，对悬索结构也不太熟悉。这不仅是梅季魁的第一个正式体育场馆项目，也是沈世钊的第一个大跨结构设计项目，对他们两人都有不同寻常的意义，他们倾注了很多心血。开始着手之后，沈世钊搜集了有关的悬索结构文献，从头到尾钻研了几个月，了解清楚悬索结构的形式和理论体系。"这东西国外已经有了，只是中国比较少，咱们只要认真做，肯定能做出来，而且还可能创新。"在这一点上，沈世钊是充满自信的。他的逻辑是，没开始之前，

沈世钊（左）与梅季魁

① 沈世钊. 中国悬索结构的发展[J]. 工业建筑，1994（6）:3-9.

从不预想困难为自己设限，理论上能走得通，实践上就能成，无非是下多少功夫的问题。

虽然决定使用悬索结构，但建筑设计是矩形平面。"矩形里头做悬索结构也很费事。开始觉得单悬索做起来造型可以，但是外形看起来空间体积比较大，需要改进才能让它看起来更轻盈一点。如何解决类似矛盾，就成了我们的设计重点。我们集中大部分精力来讨论结构方案。"梅季魁回忆，在考虑建筑造型与结构方案时，要与严寒多雪的吉林相联系，例如，屋面造型应避免过多积雪。此外，建筑造型应力求在功能合理、技术先进的基础上表现出冰雪运动的特点。

针对建筑方案的特点和要求，并通过反复的讨论和推敲，沈世钊最终提出了一种创新的预应力双层悬索结构方案。屋面的承重索和曲率相反的稳定索组成的预应力双层索系具有很好的稳定性和刚性。此前国外采用的预应力双层索系呈平面桁架形式，而新的设计改变了双层索系的一般构成形式，即承重索与稳定索不在同一竖平面内，而是错开半个柱距，二者之间通过轻型钢架传力。这样做，不仅配合了新颖的建筑造型，而且很好地解决了矩形平面悬索屋盖通常遇到的屋面排水问题。屋面的双索系统支承在两侧的钢筋混凝土立体框架上。该结构方案的经济技术指标都达到了预期的目标。

方案确定以后，由于没有现成的计算理论，沈世钊又花不少时间推导了预应力双层索系的全套解析计算理论，并据此进行所设计结构的详细计算。当时没有计算机可以利用，只靠笔和纸，每天处理的数据纸张铺满一地。

为了验证结构方案的可靠性，在完成计算理论之后，团队

公式推导及试算手稿（部分）

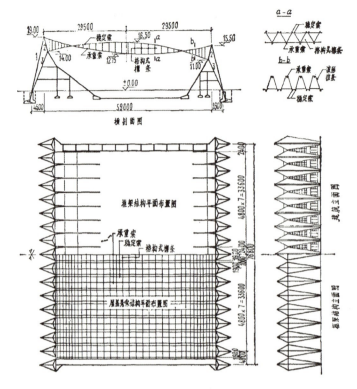

吉林滑冰馆平面、立面及剖面结构简图

1987年全国冬运会吉林滑冰馆

做了1/10比例的屋盖结构模型进行荷载试验。在做荷载试验时，还请实验室人员都上屋盖，更实际地感受它的可靠性。事实证明，这个结构完全安全可靠，消除了人们的疑虑。在吉林滑冰馆的工地现场，为了让工人直观认识滑冰馆的独特形象和结构做法，还在大院里做了1/5局部模型，将承重索与稳定索的交错关系交代得一清二楚，大大提高了工人的施工信心。

滑冰馆最后呈现出来的结构形象很理想，新颖的悬索结构体系受到了国内外工程界的普遍关注。1986年，中国空间结构委员会在吉林召开了现场会，美国、德国、日本等国的结构工程专家也来参观，同行们交相称许。1987年3月，当第六届全国冬运会在吉林滑冰馆举行时，人们被眼前宏伟的建筑吸引住了，纷纷驻足仰望。通过正、背立面支承构件的适当分合并覆上盖板，即呈现出优美的冰雪形象，似条条冰凌又似冰刀，得到了群众的喜爱，也表征出强壮、雄劲且轻快、优美的体育运动的双重美学特点。这一创新性的结构设计还被推荐参加了同年在美国举行的"国际先进结构展览"。后来，这一结构还被中国建筑学会评为"优秀建筑结构设计"二等奖。

"优秀建筑结构设计"二等奖

这个项目完成之后，沈世钊对空间结构产生了浓厚兴趣。"空间结构形式丰富多彩，是一个广阔的、深邃的探索领域。"之后再与梅季魁合作承担北京亚运会两个体育馆的设计任务时，他就主动得多，有意识地采用了一些在当时看来比较创新的空间结构形式。

石景山体育馆和朝阳体育馆

1990年第十一届亚运会要在北京举办，这是中国第一次承办国际综合性大型体育赛事，全国人民都很重视这件事情。20世纪80年代末的一天，哈尔滨建筑工程学院的师生奔走相告：北京石景山体育馆的结构模型在校园内展出了。亚运会还未召开，石景山体育馆究竟是什么样，人们要先睹为快。在师生中，还夹杂着一些有备而来的外地人，不时从各个角度对着模型拍照。

亚运会8座中心馆，哈尔滨建筑工程学院设计了其中2座——石景山体育馆和朝阳体育馆。这是梅季魁和沈世钊的再次联手合作。"这个过程很不容易。别的设计单位看到后都很惊讶，没想到我们还能拿到两个任务。因为北京各部委设计院，像机械委设计院和其他一些设计院也都是铆着劲儿在争取任务。"[1]多年以后，梅季魁在回忆来之不易的亚运缘分时这样说

---

[1] 梅季魁，孙一民，侯叶. 往事琐谈——我与体育建筑的一世情缘 [M]. 北京：中国建筑工业出版社，2018.

道。原因在于把朝阳体育馆的模型送去审查的时候,审查的领导和专家看中了其中一个方案,认为给石景山用也很合适。所以实际上石景山体育馆的方案原先是给朝阳体育馆做的,相当于从一个项目得了两个机会。这两个馆算是北京亚运会的姊妹作,两者的建筑环境、设计理念和设计手法基本相似,都是强调结构形式的创新运用,强调对环境的尊重以及对体育设施多功能使用的研究。

朝阳体育馆模型试验(1987年)
(左起:叶林、沈世钊、赵军)

朝阳体育馆屋盖采用了耗钢量最少的悬索结构,由两片预应力索网组成,索网悬挂在中央"索拱结构"和外侧的边缘构件之间。中央索拱结构由两条悬索和两个格构式的钢拱组成;索和拱的轴线均为平面抛物线,分别布置在相互对称的四个斜平面内,通过水平和竖向连杆两两相连,构成桥梁形式的立体预应力索拱体系。这样的结构,针对不同的具体条件(例如不同施工季节引起的不同温度应力,反力墙地基的不同承载条件等),通过调整索中预张力的大小,可获得经济合理的"最优"设计。同时,这个马鞍形的索网体系结构可以创造出中间高、两端低的理想比赛厅空间,并解决比赛厅天然采光的问题。

北京亚运会(1990年)朝阳体育馆实景

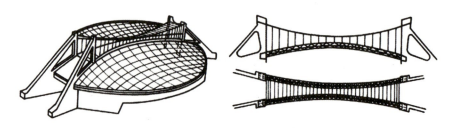

朝阳体育馆的悬索结构

与朝阳体育馆不同，石景山体育馆屋盖采用了网壳结构。网壳结构是将杆件沿着某个曲面有规律地布置而组成的空间结构体系，其受力特点与薄壳结构类似，是以"薄膜"作用为主要受力特征的，即大部分荷载由网壳杆件的轴向力承受。由于它具有自重轻、结构刚度好等一系列特点，这种结构可以覆盖较大的空间，不同曲面的网壳可以提供各种新颖的建筑造型，因此也是建筑师非常乐意采用的一种结构形式。

石景山体育馆屋盖结构由三片四边形的双曲抛物面双层钢网壳组成。各网壳支承在中央的三叉形钢架和外缘的钢筋混凝土边梁上。每个网壳的曲面仅有一个对称面，两条相对的直边长度不相等。将相对的直边等分成数目相同的线段，把对应的等分点用直线连接起来，即形成由一族不平行的且在空间逐渐扭转的直线所构成的直纹曲面。这样形成的直纹曲面也就是以给定的四条直边为周界的双曲抛物面。两个方向的直线族相互斜交构成网壳结构的基本网格。沈世钊在1990年写成的论文《亚运会石景山体育馆组合双曲抛物面网壳屋盖结构》中提到，设计时曾考虑过六种不同的网格布置方案，最终选择的方案受力比较均匀，对边缘构件产生的侧向力较小，而且各节点处网片的汇交角度比较合适。工程采用双层网壳结构，每个网壳由两个方向立放的直线形平行弦桁架组成基本网格，再加上第三方向（网格的对角线方向）的桁架（不再是直线形），形成完整的网壳。对角线网片的布置方向在三个悬挑角处有所变化，但从大厅内部看，所有对角线网片的方向是统一的。

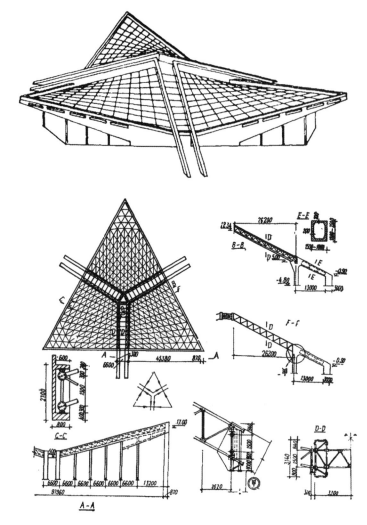

石景山体育馆组合双曲抛物面网壳结构

    三片直边网壳组成三角形平面，将组成中央交叉形钢架的直边适当拉开，设采光窗，有机地解决了比赛厅采光问题。屋盖的起伏紧随比赛厅空间的合理升降，建筑造型很自然地体现出动与静、刚与柔的体育运动特点，并能与建筑功能和技术手段紧密结合，受到群众的欢迎和好评，也得到国内外各界专家的肯定。

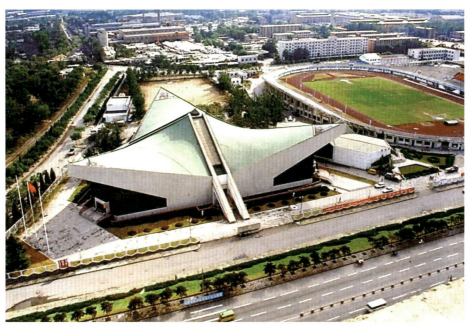

石景山体育馆实景

　　石景山体育馆和朝阳体育馆也都做了1/10比例的结构模型受力试验。通过试验，其受力规律、结构反应都获得了可靠数据，使结构安全性有了充分的依据。至今石景山体育馆屋盖结构模型仍然伫立在哈工大二校区体育场一角。优美的轮廓、流畅的壳面变化，依然给过往行人一份难得的美的视觉享受。这些结构模型试验受到国家体委计划司及北京市建筑设计院周治良、刘开济等总建筑师的称赞。

　　1989年石景山体育馆和朝阳体育馆顺利建成。两馆不仅外形优美，所采用的结构体系在当时也都是十分创新的空间结构，为我国空间结构的发展起到了很好的示范作用。1990年，北京朝阳体育馆项目获得机械电子工业部优秀工程设计一等奖，石景山体育馆获得科学技术进步二等奖。同年，沈世钊被评为第十一届亚运会工程建设先进工作者。

第五章　结构创新

石景山体育馆和朝阳体育馆的获奖证书

第十一届亚运会工程建设先进工作者证书

黑龙江省速滑馆

1994年,黑龙江确定要承办1996年第三届亚洲冬季运动会。理论上这种国际性大型运动会的体育设施需要4～6年的设计和建设时间,但是1996年这届有个特殊情况,亚冬会原先的承办国由于某些原因，在时间过半后交回了承办权。中国接手以后，筹建时间只剩下 2 年。

黑龙江要想承办亚冬会，其中一项重要的准备工作就是要将原哈尔滨冰上训练基地速滑场加盖变成室内速滑馆。由此，黑龙江省速滑馆开辟了亚冬会速滑比赛进入室内的先河，成为当时世界上仅有的五座速滑馆之一。这也是当时全国覆盖面积最大的结构工程，平面尺寸达 82 m×194 m。

速滑馆的结构设计依然是由沈世钊带团队来完成。按照使用功能要求，该馆采用了由中央圆柱面壳和两端半球面壳组成的组合型网壳。网壳的中央圆柱面壳部分采用正方四角锥体系，两端球面壳部分采用三角锥体系；一律采用装配式螺栓球节点。双层网壳厚度为 2.1 m，使构成四角锥或三角锥的腹杆与壳面之间的倾角比较合适，便于构造，也比较美观。设计完成，网壳的刚度和稳定性极佳，而且用钢量仅为 27 kg/m²，构件组装容易，经济上也合理。网壳支承在由环梁和一系列三角形框架组成的下部结构上。环梁采用劲性钢筋混凝土结构。

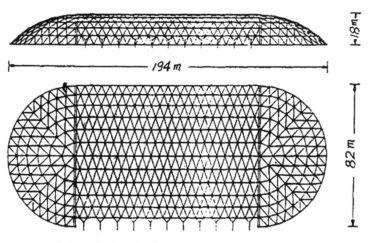

黑龙江省速滑馆（1995 年）（双层组合网壳）

沈世钊所从事的重大工程实践也是他培养学生的过程。陈昕是沈世钊培养的第一个博士研究生，他1984年起就开始跟随沈世钊读硕士，随后又继续攻读博士学位。在做石景山体育馆和朝阳体育馆项目期间，沈世钊考虑到网壳的稳定问题是空间结构领域探索研究的前沿课题，当时国内外有关学者和工程界非常关注，并且由于理论上不成熟，国外曾先后发生过几起因网壳失稳而造成屋盖塌落的重大事故，就建议陈昕将论文题目定为《空间网格结构全过程分析及单层鞍形网壳的稳定性》。

在沈世钊的科研思想影响和悉心指导下，陈昕针对网壳非线性分析及稳定性的研究解决了一系列难度大的理论问题和计算方法问题，如网壳基本理论的精确化问题、大型复杂网壳结构的全过程跟踪问题、转入分支路径的具体方法和迭代问题、缺陷敏感分析问题等，从而使具有大量自由度的实际的大型复杂结构的稳定性分析首次成为可能。石景山体育馆、黑龙江省速滑馆这两个大型网壳结构的全部计算都是由陈昕来完成的。后来，他的研究成果还运用在哈工大体育馆的屋盖结构设计中，并采用了跨度 60 m 的单层鞍形网壳，这在国内外还是首次，是网壳结构设计的一个突破。

当时，沈世钊的同事、建筑材料系的巴恒静老师负责其中的材料。"沈老师跟我说，这个业务很急，那时候正好是十一二月份了，温度已经零下，他说不能耽误工期。他设计的都是钢结构的，外面是混凝土，不能腐蚀。我就给他研究出来不腐蚀的防冻剂，防冻剂不腐蚀的很难整，但是我们按期完成。"与沈世钊的合作是一段愉快的记忆，在巴恒静的记忆中，"那

黑龙江省速滑馆（1995年）

时候我们在一起，我总觉得他好像是哥哥一样，和气地对待我们，和蔼地对待学生"。

  黑龙江省速滑馆于1995年落成，曾成功承办了第三届亚洲冬季运动会，第二十四届世界大学生冬季运动会，2002、2004、2006、2012、2016年世界杯速滑赛，2000、2005、2009年亚洲杯暨世界杯速滑亚洲区资格赛，第一届中俄冬季运动会，全国第八、九届运动会速滑比赛，全国第十届冬季运动会速滑比赛，全国青少年阳光体育大会，每年度全国速滑联赛分站赛等一系列国内外大型赛事。2023年还入选"第七批中国20世纪建筑遗产"项目。

黑龙江省速滑馆内部结构

黑龙江省速滑馆网壳结构获中国建筑学会"建筑结构优秀设计"一等奖

威海体育场

20世纪90年代，威海作为一个年轻的地级城市，与省内其他地级市相比，在体育场馆设施方面处在比较靠后的位置。按照威海市整体规划，准备在市区文化中路以北、福山路以东预留一片体育建设用地，规划建设包括体育馆、体育场等在内的多个体育设施场地。

1998年，沈世钊的同事、城市设计学家郭恩章老师在为威海体育场做设计时找到沈世钊，希望与他在结构上进行合作，为威海体育场的看台篷盖设计一个膜结构。当时，膜结构已开始在我国兴起，但结构形式还不够丰富，多数还是采用骨架支承式膜结构。随着人们对张力体系认识的深入和新型膜材的出现，张力结构的发展转向质量更轻、受力更合理的整体张拉式膜结构，也叫"全张拉式膜结构"。

薄膜结构是以建筑膜材作为主要受力构件的结构，在发展过程中先后出现了充气式、张拉式两种形式的薄膜结构。充气式膜结构是利用薄膜内外的气压差使薄膜具有一定的形状和承载能力。张拉式膜结构就是通过给膜材直接施加预拉力使之具有刚度并承担外荷载的结构形式。当结构覆盖空间的跨度较小时，可通过膜面内力直接将荷载传递给边缘构件，形成整体张拉式膜结构；当跨度较大时，由于既轻且薄的膜材本身抵抗荷载的能力较差，难以单独受力，需要用钢索加强，形成整体张拉式索-膜组合结构。

对沈世钊来说，薄膜结构是他在之前的工程实践中还没做过的，这种"典型性"吸引了他，正好他新招收的博士生武岳已经入学，准备做膜结构的课题，于是沈世钊带着武岳等人，接下了这个工程。

在威海体育场之前，沙特阿拉伯的利雅德体育场也采用了整体张拉式膜结构，所以一开始团队都在研究利雅德体育场，认为做一个跟利雅德体育场相似的结构就行。不过沈世钊提出，利雅德体育场从平面上看是一个正圆形，圆的好处是周边每个膜单元都是一样的，在结构设计上稍简单，但建筑造型过于单调。威海体育场应该是椭圆形的，不能简单照搬。

武岳说："椭圆形的话，每个单元都不一样，设计难度就大大增加了。"武岳刚博士入学，主要还是跟着学习，相关的计算主要是由他的师兄向阳来完成。

结构分析的过程实际上是一个数值计算的过程。如何将一个实际结构合理地抽象为一个数学计算模型是结构分析首先面临的问题，也是判断分析结果是否符合实际受力状态的关键因素。当时，团队每天讨论方案，沈世钊说出他的想法后，向阳当天晚上就开始计算，第二天大家再根据他的计算结果调整。"沈老师工程预见能力很强，他说的一些想法经过计算以后都验证了。"武岳说。

最后，威海体育场的薄膜结构采用了平面呈椭圆形且形式新颖、活泼的整体张拉式膜结构。篷盖由34个逐渐变化的单桅杆伞形膜单元组成，支承各张拉膜单元的承力结构由独

威海体育场（2001年）整体张拉式膜结构

立钢立柱、内环梁和支承索组成。每个膜单元通过谷索、脊索、内外边索由提升柱顶的膜顶套环对膜施加预张力。从空中向下俯视，结构的外缘和内环皆呈近似椭圆形，轮廓尺寸为237 m×209 m，整个结构在宏观造型上采用了富于变化的马鞍形，显得十分新颖和活泼。这一体育场的篷盖结构迄今仍然是国内最大的具有典型意义的整体张拉式膜结构。

作为参与者，除了见证中国膜结构界一个经典作品的诞生，武岳认为自己最深的感受还是跟着老师学到了一种思想方法和工作方法。在大跨度建筑的工程实践中，结构工程师在跟建筑师配合的时候，要有自己的想法。"例如威海体育场，因为膜结构不像一般的钢结构。对钢结构来说，建筑师描绘出什么形状，按照样子做是可以的。但膜结构比较柔软，张拉出来才能成形。张拉如果不符合力学原理，你想要那个形是拉不出来的。"

威海体育场全景（2001年）

第六章

理论奠基

工程实践与理论研究

《重量最小结构的设计》一书中有这样一段话:"工程设计的奇妙之处在于……经验总是会主宰设计。但是,理论家仍然拥有最终的话语权。"沈世钊说:"大跨空间结构的健康发展依赖于两个基本要素:一是结构形式的不断创新,二是理论研究的同步开展。后者为这一新兴结构领域的发展提供及时且持久不衰的理论支持。"

大跨空间结构作为一个新的结构领域,在其发展过程中提出了一系列具有基础性质的理论问题。对这些理论问题进行系统研究并解决,是大跨空间结构这一新兴学科获得健康发展的必要条件。沈世钊认为:"一般来说,理论来源于实践。我们不是先有理论再去实践,而是结合工程提出并解决有关理论。为了实现工程创新,就得研究这些理论,慢慢地形成理论体系,然后是理论反过来指导实践了。"他还认为,在高等学校工作,从事必要的理论研究可能更合适,或者说更义不容辞。正因如此,在结合一些重大工程从事体系创新的同时,沈世钊带着团队在理论研究中取得了一系列具有创新意义的成果。武岳说:"沈老师在处理科研与工程之间的关系这方面做得非常好。把科研成果转化成工程当中的技术,又从工程当中发现问题,去提炼出新的科研问题,他这个能力非常强。"

沈世钊曾经多次表明："高等学校教师不宜把过多的时间用在工程设计上，我也不同意我的学生从事大量的一般性设计。但有选择地结合一些重大工程来进行创新的实践活动，对于研究空间结构的教师和研究生来说，也具有不可或缺的作用。关键是要在这种实践活动中坚持结构创新，这样才能真正做到既锻炼了队伍，又对空间结构的发展做出贡献。"

在理论研究上，沈世钊不赶时髦，而是力图解决实际问题。他说："结构工程领域的理论研究属于应用性基础研究，必须坚持为实用服务的目标，不能只写几篇理论文章就算交账，而必须要把理论成果推进到实用化的程度。"这一目标实际上大大增加了研究工作的深度和难度，因为解决实际问题是硬任务，要有定量的结果，还需要考虑一系列实际因素的影响。所以做理论研究工作要有耐心。"我觉得，只要坚持从实际需要出发，坚持科学的研究方法，不怕做艰苦细致的分析和实践检验工作，且持之以恒，不急于求成，把大量感性资料逐渐积累起来，最后总会取得有价值的成果的。"

系统的基础理论研究

早期，沈世钊的理论研究主要集中在以下四个方面：悬索结构体系及其解析理论、网壳结构非线性稳定、大跨柔性屋盖风振动力响应、网壳结构在强震下的失效机理和动力稳定性。

以做吉林滑冰馆项目为开端，沈世钊开始研究悬索结构。关于悬索体系的解析理论，在早期的理论研究工作中，偏重于以连续化理论为基础的各种解析方法的研究。在计算机广泛应用于结构计算以前，各种解析分析方法曾对空间结构的发展起过重要作用。其实，解析方法较之计算机方法能更为直观地反映结构的受力概念，而且对某些形式的悬索体系来说，解析方法已完全可以提供较完整而准确的计算结果，例如，吉林滑冰馆双层索系的分析是按解析公式由手算完成的。沈世钊在探索各种悬索结构形式时，也致力于它们的解析分析方法的研究，涉及预应力双层索系、劲性悬索、预应力索拱体系，以抛物线拱为边缘构件的预应力索网等多种悬索体系。这些悬索体系的分析方法有一定共性，即在建立平衡方程时均需考虑大位移，按几何非线性问题求解，而在建立变形协调方程时均需考虑杆件的拉伸变形。对其他悬索体系也可列出类似的微分方程组。针对不同的悬索体系，结合具体荷载条件和边界条件求解相应的联立方程组，可得到各种悬索体系的内力和位移的解析计算公式。这项研究一直持续进行，经过十多年的积累和沉淀，到1997年出版专著《悬索结构设计》，2006年该书的第2版又出版了，增添了不少新的研究成果。

可以说，对于沈世钊及其团队，每一项理论的研究都是一场持久战。1987年做亚运会场馆石景山体育馆的同时，沈世钊也开始了网壳稳定性的研究。稳定性是网壳结构，尤其是单层网壳结构设计中的关键问题。网壳结构的稳定性可以通过全过程曲线把结构的强度、稳定性以及刚度的整个变化历程表示得清清楚楚。但是，当早期利用计算机对具有大量自由度的复杂体系进行有效的非线性有限元分析尚未能充分实现的时候，要进行网壳结构的全过程分析并非易事。在较长一段时期内,人们不得不求助于连续化理论将网壳转化为连续壳体结构,然后通过某些近似的非线性解析方法来求出壳体结构的稳定性承载力。这种方法显然有较大局限性:连续化壳体稳定性理论本身并未完善,事实上仅对少数特定形状的壳体(例如球面壳)才能得出较实用的公式;此外,所讨论的壳体一般是等厚度的和各向同性的,无法反映实际网壳结构的不均匀构造和各向异性的特点。因此,在许多重要场合还必须依靠细致的模型试验来测定稳定性承载力,并与可能的计算结果相互印证。

随着计算机的广泛应用,非线性有限元分析方法逐渐成为结构稳定性分析的有力工具。可以说,自20世纪80年代后期我国开始积极开展以非线性全过程分析为基础的网壳稳定性研究,是以沈世钊团队为代表开始的。他们在总结国外已取得成果的基础上,在理论表达式的精确化、平衡路径跟踪计算方法的合理选择、以及灵活的迭代策略等方面进行了仔细探索,使具有大量自由度的复杂结构体系的荷载-位移全过程分析顺利实现;同时提出用"一致缺陷模态法"(即认为初始缺陷按最低阶屈曲模态分布时可能具有最不利影响)来研究初始缺陷对网壳稳定性的影响。在上述理论成果的基础上,编制了相应的专用分析软件,对各种网壳体系的弹性稳定性进行系统的参数分析。所提出的实用公式被列入"网壳结构技术规程"。这项研究持续了10余年时间,先后有9名博士和硕士研究生参与此项工作,最后于1999年作为阶段性成果出版了专著《网壳结构稳定性》;进入21世纪后,随着计算机条件和通用分析软件的进一步完备,团队又对各种类型网壳结构的弹塑性稳定性进行研究和大规模的参数分析,还增加了对半刚性节点网壳的研究内容，最后于 2015 年出版了专著《网壳结构弹塑性稳定性》。

在研究网壳稳定性的同时，随着网壳尺度的增大，深入研究其抗地震性能具有重要意义。关于网壳结构振动控制的研究此前几乎是空白。从 1992 年开始，沈世钊团队开始了对网壳结构动力稳定性的研究。在抗震领域，国内外对多层、高层和高耸结构研究得比较透彻。但网壳等大跨结构的动力性能具有不同特点，在当时需要解决的问题也很多，例如其频率分布比较密集，往往从最低阶算起前面数十个振型都可能对其地震响应有贡献，因而一般的振型分解法是否适用是一个值得探讨的问题；不同方向(包括竖向)的地震作用引起的响应往往是同量级的，因此考虑多维输入是一个相当重要的问题；我国今后要建的一些超大跨度网壳尺度十分巨大，在计算中有必要考虑地震动的空间相关性；单层网壳结构在静力作用下的稳定性是设计中的重要因素，它们在地震作用下同样存在动力失稳问题，对于某些动力响应过大的网壳结构，有必要采取适当的振动控制措施。

沈世钊的研究团队从弹塑性时程分析入手，研究网壳结构的抗震性能，并考虑了多维输入；进行了单层球面网壳模型的模拟地震振动台试验，以验证理论推导及所编制的有限元分析程序的正确性。同时，对各种类型网壳进行了大规模的参数分析，试图获取关于网壳抗震性能的某些规律性的认识。与此同时，也采用振型分解反应谱法进行平行的运算，与弹塑性时程分析的结果进行对照……这项研究工作最终目的是试图对网壳结构的抗震设计提出一些切实有据的建议。从 1996 年起，沈世钊团队开始研究网壳结构在强震作用下的弹塑性响应，并把网壳结构动力稳定性的研究和网壳结构在强震作用下的弹塑性响应二者结合起来，研究网壳结构在强震作用下的失效机理问题（包括强度破坏和可能的动力失稳），直到2014年出版专著《网壳结构强震失效机理》。

除了抗震，大跨结构的抗风研究也是一个重要的方向。尤其是索结构、膜结构等柔性体系自振频率低，是风敏感性结构，研究这类结构在风作用下的动力响应具有重要意义。从1988年1月承担国家自然科学基金项目"柔性大跨空间结构的风振反应"，沈世钊团队开始进行悬索结构风振的研究。针对这类结构体系自振频率密集和振型相互耦合的特点，发展了一种随机振动的数值分析方法，并对椭圆形和菱形平面的索网结构进行了大规模的参数分析，进行了若干个气弹模型的风洞试验，与理论分析结果相互对照。

1994年，团队大跨结构的抗风研究重点转移到膜结构风振的研究，与悬索结构比较，膜结构和索-膜结构的风振具有不同特点。膜既是受力构件又是覆面材料，质轻而薄，局部刚度很小，在风作用下局部膜单元的速度和加速度响应较大，可能对周围流场产生影响，导致较明显的气弹反应和可能的动力失稳现象。研究这一问题在理论上有较大难度，因而风洞试验一直被认为是主要的研究方法。在理论上，团队发展了一种以风速曲线的人工模拟为基础的非线性随机振动时域分析方法，而且在运动方程中考虑了结构振动速度对风压的修正，这实际上是部分地考虑了风与结构的耦合作用。2001年起，团队就推进到风-结构相互作用，即流固耦合问题的研究上，之后又把重点转到各种大跨度屋盖风荷载的研究和围护结构风振破坏及抗风的研究。在这一领域出版了教材《风工程与结构抗风设计》和两本专著《基于风压谱的大跨度屋盖主体结构抗风设计理论研究与应用》及《寒地城市建筑风效应研究与应用》。

综上所述,沈世钊带领团队持之以恒地从事空间结构基本理论的研究,并取得系统成果。这些成果为构建完整的空间结构理论体系做出了突出贡献。

1995年12月,建设部召开项目鉴定会,对沈世钊主持的建设部"八五"研究项目"悬索与网壳结构应用关键技术"给予充分肯定,认为项目总体上达到国际先进水平,其中网壳结构稳定性和悬索结构风振响应两部分成果达到国际领先水平。该项目获得1996年建设部科技进步奖一等奖。1997年,该项目又获得国家科技进步奖二等奖。

国家科技进步奖二等奖证书

1997年12月26日，沈世钊应邀出席在北京召开的国家科学技术奖励大会，受到党和国家领导人接见，这是我国空间结构研究领域获得的第一份国家奖励。

1999年国内各高校和研究机构共同申报的国家自然科学基金重大项目"大型复杂结构体系的关键科学问题及设计理论研究"中，哈工大承担了关于大跨空间结构的二级课题。

空间结构研究中心

1985年，沈世钊牵头创立了"空间结构研究中心"。这个团队从零开始，经过多年的发展和锻炼，现已成为一个在理论研究和工程实践上成果丰硕的超级团队。他们在开发各种类型空间结构的同时，把许多精力放在新颖结构的基本受力性能和分析方法上，以满足设计的基本需要。同时，还配合一些大型工程进行了许多模型试验或现场实测。他们的理论研究成果为我国空间结构的发展提供了必要的基础。"深入的理论研究支撑了重大的工程实践和创新，从重大的工程实践当中又会提炼出新的理论问题，这是一个相辅相成的过程。"沈世钊的弟子范峰（现哈工大副校长）表示，空间结构研究中心坚持两条腿走路，理论和实践都抓住不放，实现了良性循环。经过数十年的发展，空间结构研究中心成为国际知名的大跨空间结构理论研究、人才培养和工程创新基地。

前面说过，沈世钊认为，在高等学校工作，除了一些重大工程实践以外，从事必要的理论研究更义不容辞。数十年来，研究中心在大跨空间结构领域的理论研究历程如下图所示。

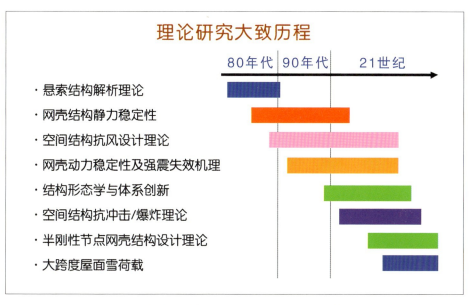

空间结构研究中心理论研究发展历程

进入 21 世纪以来，空间结构研究中心在完成一系列基础理论研究的基础上，针对空间结构发展的需要，又开辟了一系列新的理论研究方向，如"结构形态学与体系创新""空间结构抗冲击/爆炸理论""半刚性节点网壳结构设计理论""大跨度屋面雪荷载"等项目。

数十年来，研究中心为国家培养了大量人才。学生们像树苗一样逐步成长，有人离开，有人留下，但都长得枝繁叶茂，有了自己的一番天地。

沈世钊对于空间结构研究中心团队成员不进行过多干预，他创造的是一个完全自由的研究氛围。对此，沈世钊的逻辑简单而直接："工作这么多，我管不过来的。现在他们每个人都有自己的方向,研究得都很深入,也不断发现需要创新的理论。这样好多创新成果就出来了。"

现在,沈世钊的学生范峰、支旭东和武岳等人均已成为空间结构研究中心的主要学术带头人。范峰主要的研究方向是抗震设计理论及方法,他所开创的"网壳结构高烈度强震下强度破坏机理"研究领域,目前已成为网壳结构理论研究的前沿热点问题。支旭东在原来抗震理论研究的基础上,又开展了抗爆、抗冲击理论,钢冷却塔设计理论,装配式钢结构等方面的研究。武岳的重点工作放在结构抗风设计理论及应用以及绿色智能建造方面。他们都带着更年轻的一代老师和学生,组建了自己的梯队,在相关领域或开拓,或深耕。

学生杨娜(中)博士论文答辩留影(2001年)

"带团队成员做研究，我主要是抓思路，具体研究过程得靠他们自己摸索。"这是沈世钊的想法。范峰刚读博要确定研究方向时，从研究的前沿性来看，沈世钊团队有两个非常好的方向：一是关于大跨网壳结构的稳定性；二是关于大跨柔性结构抗风。这两个方向已经有了将近十年的积累，取得了国内外公认的领先成果。这时候一种很自然的选择，是沿着这两个方向继续往前推进。还有一种选择，则是研究大跨空间结构抗震，这看起来是一个很基础性的问题，但实际上还没有一篇博士论文专门研究大跨空间结构的复杂抗震性能。

沈世钊问范峰要不要做抗震性能方面的研究，开辟一个新的方向。"我也很高兴，能够有一个新的方向去开拓，不过前面没有太多师兄弟的成果可以借鉴，所以自然也会花很多的精力。"之后回想起来，范峰认为老师非常有远见和有前瞻性，"这对我是一个非常正确的路径。"

"好多问题都是他们自己做任务的过程中发现和需要解决的，比如在研究风振作用时，风对索-膜结构有影响，结构振动了，反过来也会对风有影响，这叫作流固耦合。武岳就做这个方向的研究。我把方向定下来以后，就让他们自己去钻研，像范峰、武岳都这样，这样效果就很好。他们做出来以后创新能力就很强。像杨庆山也是，他是最早做风工程的。"沈世钊认为在带团队方面，自己的作用主要是激发大家的内驱力，更多的是他们自我成长。

杨庆山1992年9月师从沈世钊读博士，1995年12月博士毕业，先是在北京交通大学工作，现任重庆大学土木工程学院院长。杨庆山在空间结构体系中走出了一条创新之路，形成了自己的研究特色，在柔性张拉结构的基本力学性能及风致动力效应、空间变异地震场及其作用下长大工程结构的地震反应分析和延性抗震设计、多层及高层建筑结构的抗震性能分析等方面开展了深入研究，主持完成了40余项重要的体育场馆、机场、高层建筑的风洞试验和结构工程创新以及布达拉宫等古建筑的健康监测项目；主持制定了屋盖结构抗风设计规范，先后荣获国家科技进步奖二等奖、教育部科技进步奖、光华工程科技奖青年奖、建设部科技进步奖一等奖，在空间结构领域树立了自己的旗帜。

"他是结合大跨空间结构搞风工程研究的，在这个领域他现在在国际上也很有名了。"对于杨庆山的成长之路，沈世钊轻描淡写，然而他没说的是，杨庆山刚刚入职时，沈世钊觉得自己的学生作为一个年轻教师，在成长过程中还是需要适当引领的，所以每次出差到北京时，都会同杨庆山见面并适当讨论一些问题，希望他在工作中能有更好的发展空间。杨庆山也的确很快在北交大崭露头角。"无论学生在身边还是不在身边，沈老师只要有机会，就会尽其所能帮助、关心学生。"范峰这样说道。

沈世钊的学生中，比范峰更早毕业的师兄师姐，有些后来自主创业，有些在别的地方工作。目前来说，范峰是跟在老师身边最久的学生。

"哈工大的大跨空间结构团队在沈老师的带领下，就像建大楼，一砖一瓦从无到有，一点一点攻克，从稳定性、抗风、抗震等方面构建起完整的理论体系，并把我们的理论成果变成规范来指导行业发展。这是没有多少经济效益的一件事，也是需要耐住寂寞的一件事。"范峰说，"有沈老师这座灯塔在这儿，我们可以放心大胆地不断去努力。"2003年，范峰接过了恩师身上的担子，开始担任空间结构研究中心主任，完成新老传承。

2007年，在哈工大整体发展战略的指导下，空间结构研究中心突破地域发展限制，组合优势资源，创立了哈工大（威海）空间结构研究中心。9月10日，哈工大（威海）空间结构研究中心落成，沈世钊为中心揭牌。中心主任范峰在致辞中说："中心将依托胶东半岛独特的地域优势，使之成为与哈工大校本部研究中心优势互补、协调发展的有机整体，并充分发挥其重要的窗口作用，成为研究型、开放式、国际化和具有创新精神的研究中心。它将成为威海校区土木工程学科的重要支撑点，威海校区土木工程专业的建设发展更是研究中心义不容辞的职责。"十余年来，威海的研究中心在海洋工程、巨型全自动望远镜结构等领域进行了系统开发和研究，开创了很多空间结构创新研究方向。

展望未来，沈世钊高兴地说："通过多年的努力，我国在空间结构工程实践和理论研究方面均取得了很多成绩，可以认为总体水平已经进入国际先进行列。在这一过程中，锻炼、培养了精练能干的技术队伍和研究队伍。一批优秀的空间结构企业也已经或正在茁壮成长。随着我国经济和社会的发展，空间结构将会继续以较快的速度向前迈进。"

如今空间结构研究中心成立快40年了，现已有教师20余人，并常年保持在读博士生40余人、在读硕士生60余人的规模。在沈世钊的引领下，中心成员坚持爱国奋斗、敬业实干的"八百壮士"精神，秉承崇尚科学、追求真理的严谨学风和团结协作、互助友爱的团队文化，经过多年的传承，这些理念已经成为研究中心坚实的文化传统。团队成员都认为这是一个利于成长的集体，团队的工作氛围就像家人相处一样和谐。所讨论的问题，不仅仅是研究的课题，也包括工程的创新项目、学生培养等方方面面。

大家都说:"无论是工作还是其他,我们在一起就是个和谐体谅、互相关心的大家庭。虽说有时候工作很紧张,但是大家在精神上

沈世钊与团队成员在国际空间结构学术会议现场合影(首尔,2012年)
(第一排左起:翟希梅、孙晓颖、季天健、沈世钊、范峰、孙瑛、曹正罡)
(第二排左起:周华樟、伞冰冰、张健胜、武岳、支旭东、李方慧)

沈世钊与空间结构研究中心全体教师合影(2022年)
(第一排左起:曹正罡、支旭东、翟希梅、武岳、沈世钊、范峰、崔昌宇、孙瑛、孙晓颖)
(第二排左起:张国龙、宋国庆、莫华美、张荣、马加路、聂桂波、张清文、周华樟、严佳川、王永辉、张瑀)

沈世钊与空间结构研究中心（威海）师生合影
（第一排左起：周健、陈德珅、王化杰、金晓飞、钱宏亮、祝恩淳、沈世钊、郭海山、伞冰冰、张建胜、牛爽、刘璐）

沈世钊和学生们在美国
（左起：范峰、沈世钊、王娜、陈昕、杨庆山）

都非常愉悦。"

作为中国大跨空间结构的开拓者之一，沈世钊在其所研究的领域内进行了艰苦而不懈的探索。他在空间结构一系列关键问题的理论研究方面做出了重大贡献，并创造性地设计了多项具有典型意义的大型空间结构,为我国大跨空间结构的发展做出了重要贡献。他以敏锐的洞察力和孜孜不倦的科学精神始终站在这个学科发展的前沿;他的科研历程折射着我国大跨空间结构事业发展的一些重要侧面;在这一过程中,他也为国家培养了不少优秀科技人才,其研究中心团队也获得了健康成长。他的治学思想和人生态度也无疑是难得的宝贵财富。

鉴于沈世钊的卓越贡献,1999年12月,他当选为中国工程院院士,时年66岁。

院士证书

第七章

教育管理

扛起行政工作

1981年10月，沈世钊从美国回来之后，开始担任钢结构教研室主任，1983年11月起担任建筑工程系主任。

"过去没有这方面的经验，所以是从头学起。"1985年，在入党申请自传中，沈世钊说自己回国3年多，除了教学、科研等业务工作外，又先后担任教研室主任、系主任等行政工作。为了扛好自己肩头的责任，沈世钊给自己"约法三章"，定了三条规矩：第一，决策的基础要看是否有利于教学质量的提高和师资队伍学术水平的提高；第二，凡事多同系总支、系班子的同志们商量；第三，多听来自群众的反馈意见。

从这三条规矩也可以看出，沈世钊最看重的是教学质量和师资队伍，这当然跟他自己的经历有关。20世纪50年代，他来到哈工大跟随苏联专家学习时，哈工大的发展路径就是抓教学质量、抓师资队伍——这是关系到学校长远发展的根本。沈世钊把这件事落实成了自己的工作目标："做好我系师资队伍，尤其是第三梯队的建设工作，这是关系到教学质量和学术水平的持续提高，关系到我系前途的具有战略意义的任务。"

"个人精力有限，科学的进步，学科的发展，都需要年轻英才的不断涌现。"1985年的沈世钊已经52岁，过了知天命之年。或许是时光的逝去，更让他感受到了学校发展对于青年教师的迫切需求。他在哈建工主编的期刊《建筑工程高等教育研究》第1期上，发表了理论文章《加速培养青年教师是当前师资队伍建设中的战略任务》，从由教师队伍现状看青年教师培养问题的迫切性、关于青年教师培养提高的几个认识问题、在工作中锻炼成长、探讨几个有关的政策问题等方面，论述了加速培养青年教师的重要性和方法途径。沈世钊认为这是"国家人民之前途所系"。

沈世钊论文《加速培养青年教师是当前师资队伍建设中的战略任务》

在当时，对于优秀的年轻人来说，留校当老师并不像如今这样是热门选择。沈世钊所在的建筑工程系面临的情况也基本如此。社会的热潮涌动和学生对留校的不积极态度，让想要尽量留住青年人才的沈世钊颇费思量。类似的行政方面的麻烦杂事想必也不少。他自己在一篇文章中写道："一直搞业务，不擅长行政工作，既然受命，亦兢兢业业，不敢轻忽，唯知办学之道，重在坚持正确之育人思想，认真抓好学校各项内涵建设，其余送往迎来对外联络宣传诸事宜，勉为其难而已……"

担任学校领导

改革开放以后，高校领导逐渐转向从教授中选拔。在这一大形势下，1986年1月30日，沈世钊受命担任哈尔滨建筑工程学院副院长，主管教学和科研。1990年2月26日受命担任哈尔滨建筑工程学院院长。在当年6月7日的70周年校庆大会上，他热情洋溢地做了题为"为把我院建成第一流的建筑工业大学而奋斗"的讲话，鼓舞了师生的斗志。

1994年1月，哈尔滨建筑工程学院改名为哈尔滨建筑大学之后，沈世钊也随之成为校长，直至1995年9月，他担任学校领导职务近十年。

哈尔滨建筑工程学院副院长任命书

哈尔滨建筑工程学院院长任命书

作为一校之长，沈世钊从不觉得自己有行政方面的长才，甚至到20世纪90年代中期快要从行政岗位上卸任以前，还依然觉得自己不能很自如地处理许多行政问题。不过，接替沈世钊的下一任哈建大校长景瑞，曾在一次校友活动中讲述"哈工大土木人的风范事迹"时说："沈老师曾于1990年到1995年任哈建工校长，主张充实内涵，坚持系列课程建设与科研工作并举。无论是做学问，还是做管理，沈老师都有独到之处，并充分发扬民主。"

好的行政管理并不是面面俱到，而是把时间集中在真正重要的事情上面，决定方向。作为校领导，沈世钊从战略高度提出了要狠抓以师资队伍建设为中心的内涵建设的方针，要求切切实实、持之以恒地做好各项基础建设工作，反对虚夸的庸俗作风。沈世钊这种不疾不徐、从容淡定的做事风格广为人知。原哈尔滨建筑工程学院院长、"全国模范教师"何钟怡说沈世钊是"十个指头弹钢琴"，什么事情都心里有谱，考虑周全。

"治理学校最重要的还是内涵建设,实质就是教与学,当时我主要抓两件事,一是抓师资队伍,二是抓学风,立德树人。"沈世钊在总结本校和其他兄弟高校"教改"经验的基础上,对中国高等教育模式的演变与前景、对教学改革中"破"与"立"的关系做了精辟的分析,提出了一套具有独到见解的治校方针,主张不再把五彩缤纷的"教改"方案作为提高教育质量的关键而分散精力,明确提出把加强以师资队伍建设为主要内容的内涵建设作为学校工作的主线,并认为健康的内涵建设必然会包容各种有益的改进或改革。在师资队伍建设上,沈世钊认为,大多数青年教师基础较好,接受过较系统的基础理论和专业教育,但缺乏教学经验和科研、生产实践,他主张应该把青年教师分配到各种教学、科研梯队里去,尤其是要在重点项目攻关中发挥他们的力量。他认为,加强基础与掌握专业的关系、理论学习与实践的关系、学术水平与工作能力的关系,是青年教师提高业务水平时应该高度关注的三个问题。这三个问题汇成一个核心问题,那就是:在目标上,要培养全才还是偏

沈世钊(前排左四)在建设部高校校长书记会议上合影(1994年)

才；在方法上，是全面训练还是片面发展。基础与专业的统一，理论与实践的统一，学术水平与工作能力的统一，归结到一起，就是提高与工作的统一，由此得出结论：青年教师提高的主要途径应该是在工作中锻炼成长。

在沈世钊的领导下，学校制定了关于师资队伍建设、课程建设、教风建设、学风建设等一整套措施和相应的政策，并持之以恒地切实贯彻。几年下来，学校的学术水平、教学和科研的管理水平、教风和学风等均得到了明显提高，学术规格和声誉逐年上升，学生的培养质量也在历次统考和教学评估中获得了充分的验证：两次英语统考成绩分别为黑龙江省第一和第二，居全国重点院校前列，全国暖通专业评估试点全国第三（位列清华、同济之后）。

沈世钊还积极推进学校的科研工作，把科研作为提高学校整体学术水平和锻炼师资队伍的必需途径；制定了一系列鼓励教师进

任校长期间，与全校各学科带头人开会
（左起：梅季魁、郭俊、王宝贞、沈世钊、王光远、钟善桐、刘季、关柯）

沈世钊在工作中

沈世钊参加的一些活动

行科研的政策，建立和巩固了一批精干的研究机构；结构力学、结构工程、给排水、暖通、建筑学等许多学科均在国内较早地被评为具有培养博士生资格的博士点。在相关行业领域，"哈建工"或"哈建大"的名声始终居国内前列。

巴恒静跟沈世钊是几十年的同事兼好友,他们一直来往很多。巴恒静说,他常常看到沈世钊在办公室和学生讨论,不把行政工作和教学工作分割开。巴恒静认为,沈世钊让自己的研究生有问题随时可以来找他,是对学生的鼓励和信任,不要说作为一名校领导,就是对普通教师来讲,也很可贵。

陈昕读博士研究生时,沈世钊已经是一校之长,行政工作非常繁忙。但即便这样,陈昕和沈世钊之间也有非常密切的沟通,陈昕经常在晚上到沈世钊家里去找他。"沈老师能对学生这样已经是尽最大努力了。他工作忙,各个处长找他,这个处长谈完走了,下一个就来了,还要挤着时间帮我研究课题。"

沈世钊的另一名弟子范峰担任哈工大的副校长,行政和业务双肩挑之后,他也更能体会到当年老师的不容易。"沈老师经常跟我讲要举重若轻,就是该做的事情要认真地做,但该放下的也要放下。我想这是沈老师多年行政经验对我的指导。""沈老师一路走过来,既是一个学者,又是一个大学管理者,他对我的工作帮助是非常大的,包括理念怎么提出,怎么处理一个复杂的问题。我今天做的工作,能够有沈老师的帮助,是非常幸运的。"

建筑"老八校"

改革开放以后,国家和社会为哈建工的发展提供了条件。尤其20世纪八九十年代是大兴土木的时期,基本建设热情高涨,土木专业成了万家青睐的热门专业，引得万千考生争相报考。哈建工也抓住这一机遇，以超乎寻常的速度，迅速把学校推向了一个新的空间和高度，在短短的时间内脱颖而出，以本身的特色、优势、实力和对社会的贡献而跻身于优秀大学之林，成为建设部有名的"老八校"①之一。

沈世钊任哈建工院长期间，比较重要的事情之一是在研究生培养方面有了不少亮点，除了力学、结构、建筑学、给排水、暖通等老学科较早获批博士点以外，有一些新兴学科也先后获得了博士学位的授予权。比如，1990年5月，经国务院学位委员会批准，老教师关柯成为我国首位建筑经济与管理学科博士生指导教师；1993年，学校获得建筑经济与管理学科博士学位授予权，是国内首个该学科的博士点。1994年，国务院学位委员会批准学校为自行审定增列博士生导师的试点单位。

1994年1月，哈尔滨建筑工程学院更名为哈尔滨建筑大学。对于学校未来发展的思考，沈世钊除了一直坚持和强调内涵建设外，还舍得放手。"我觉得当校长不能包办代替。"沈世钊充分发挥了各个系的独立自主权，"上面的条条框框太多了，指挥棒太多了，就会影响各个学院的独立思考。"

比如，对于建筑材料学科获博士学位授予权的事，巴恒静记得当时非常不容易，沈世钊给予了很大的支持。巴恒静说："因为咱们有特点，搞负温混凝土，负温混凝土是我们第一个搞出来的。大半个中国57%都在寒冷地区，建点不应该支持搞负温的吗？"

---

① 建筑"老八校"是新中国成立之初最早开设建筑学、城市规划相关专业的八所高校，即清华大学、南京工学院（今东南大学）、同济大学、天津大学、华南工学院（今华南理工大学）、重庆建筑工程学院（今重庆大学）、哈尔滨建筑工程学院（今哈尔滨工业大学）、西安冶金建筑学院（今西安建筑科技大学，前身为东北大学建筑系）。这八所"神奇"的院校，天南海北，各据一方，在建筑业内的霸主地位无人撼动。

1994年哈建大更名揭牌典礼

经过学校的积极争取和老师们精心准备，全国13个评委投票，最终哈建工全票通过。

对于自己当校长的几年，沈世钊自我评价总体是满意的，认为"当时学校的社会名声还是不错的"，受到了"南有同济、北有哈建"的称誉。在学科专业建设方面，形成了土木工程、市政与环境工程、建筑学、交通运输工程、管理科学与工程等5个与国民经济息息相关的优势学科。景瑞评价说："之所以有这些学科优势，主要原因是学校有一支较强的、得到公认的、不断档的教师队伍。"到2000年哈工大与哈建大合校之前，在中国工程院土木学部，浙江大学、东南大学、华南大学各有1位院士，同济大学有2位，清华大学有5位，哈尔滨建筑大学有4位。

不过，沈世钊也反思了不足。由于学校的基建费非常少，学生宿舍和教师宿舍条件没有什么改变，"硬件建设当时还是很慢"。

2000年哈建大与哈工大合校之前，学校内部对合校方案有很多不同看法。景瑞去征求沈世钊的意见。在可供选择的三条路（一是与哈工大合校，二是与东北林大合并为"东北科技大学"，三是下放黑龙江省管独立办学）中，沈世钊毫不犹豫地说："与哈工大合校。""时时处处，沈老师彰显大家风范。"景瑞回忆，沈世钊坚决支持"回归"同根同源的哈工大。那时候，学校有相当一部分教师和领导反对与哈工大合并，主要原因在于，到哈工大之后，原哈建大的领导就是副手了，各系领导层皆会受到冲击，教师晋级等在一定程度上也会受到影响，但一向仔细审慎的沈世钊在这件事上旗帜鲜明又干脆直接地亮明了自己的态度，因为这样的选择，对学校的未来和学生的发展是最好的。

2000年6月2日上午，哈尔滨工业大学与哈尔滨建筑大学合校大会在哈工大举行。国防科工委、建设部、省委领导出席了合校大会。两校干部、师生共千余人参加了大会。为了庆祝"回归"哈工大，感慨万千的沈世钊亲自操刀在自己的领域艺术地发挥了一下，设计了一个短程线型球状网壳，放置在哈工大二校区图书馆前的小广场上。该网壳前面有对这一作品的说明：球面由80个三角形及42个结点组成，纪念两校共同的80周年校庆及哈建大独立建校42年。球状网壳象征合并后之新哈工大以巨球腾空之势向世界一流大学目标迈进。这个短程线型球状网壳已成为校园里地标式的著名一景。

2010年，哈工大建校90周年之际，空间结构研究中心将其重新修建，直径由5.4 m扩大为9 m，整体颜色由原来的银白色改成红色，也因此，大家亲切地叫它"大红球"。这是沈世钊对学校浪漫的情感表达和真挚祝福。

沈世钊设计的球状网壳

子女教育

人的时间和精力是有限的,沈世钊夫妇把大部分的心思都放在了工作上,对待一双儿女基本上就采取了"无为而治的放养式教育"。"顺其自然"是沈世钊最爱说的话。在沈肖励和沈嘉励的记忆中,父母对他们管得很松,想学什么,不想学什么,都比较自由。

沈肖励上学时,有段时间迷上了武侠小说,欲罢不能,但是怕被父亲批评"不务正业",只好偷偷摸摸藏在学校看。有一次拿回家不小心被父亲翻到了,沈肖励很担心,以为肯定会被责骂不好好学习,浪费时间。结果没想到沈世钊一翻是金庸的小说，自己拿过去津津有味地读起来了。"我发现，哦，原来可以看呀！"从此她就敢往家里拿小说了，还看了《聊斋志异》之类的"闲书"。

沈肖励小学时参加了学校速滑队，王仲秋觉得女孩子学舞蹈更合适一些，就希望她能去学舞蹈，但孩子不喜欢，最后还是遂了她的愿。沈肖励天天放学后坚持练习，最后还成了国家二级速滑运动员。沈嘉励喜欢田径、球类，沈世钊夫妇也是支持鼓励的态度，觉得运动是一件好事。"不少同学家长只鼓励学习，任何业余爱好基本都反对，但他们不这样。"沈肖励说。

沈世钊和王仲秋对孩子没有给予太多的压力和期盼，他们的要求只有两点：一是要踏实诚恳，无论何时何地都得老老实实做人做事；二是要善良友爱，绝对不能与人钩心斗角。沈世钊总是对儿女们说，只要这两点大方向把握好了，人生就不会跑偏。至于成绩好坏、取得多少成就等等，在他们夫妻看来都不是大事。

沈世钊夫妇是这样教育孩子的，也是这样要求自身的。有一年，沈世钊的一个研究生由于感情生活不顺利，整日郁郁寡欢。王仲秋担心她想不开，就把她带到自己家里照顾了一个暑假。平日里，沈世钊夫妇工作都非常忙，但沈肖励经常会见到有学生来家中吃饭，他们之中有家庭经济比较困难的，有刚来哈尔滨上大学不适应的，既有沈世钊的学生，也有王仲秋的学生，甚至还有沈肖励自己的同学。"寒假不回家的学生，也到我们家包饺子、吃年夜饭。"在她的记忆中，家中总是人气很旺。

沈肖励上高中时，在物理、数学方面遇到难题，有时候要向父亲请教。在沈嘉励看来，当时父亲已经50多岁，距离他自己上高中已经过去了30多年，可是给姐姐讲解时却毫不费力，对高中知识依旧很熟悉。他说："尤其是在数学和力学方面,我父亲的基础理论非常扎实,当时的高考题拿过来就做,不需要再去重新熟悉。"

"我没有选择父母的专业,我学不了,他们带的学生都可刻苦了。我觉得我肯定受不了那个苦。"沈肖励认为,父亲的生活哲学是不苛求自己,也不苛求别人。1991年沈肖励考大学,她选择了一个相对轻松的房地产经营管理专业,父母也都依着她。

沈肖励大学毕业后分配到中建集团工作,最开始因为条件艰苦,很多人都离职了。但父亲告诉她说:"公司把你招来了,这个就是你的工作,不能因为企业困难,就见异思迁。"沈肖励在公司负责劳资,最开始沈世钊不放心,经常打电话叮嘱她:"一定要认真仔细,严格要求自己,千万不能出错,因为你如果出错就会影响到公司,影响到大家。""我后来带新人的时候,发现他们一开始都会出错,但我父亲的严谨性影响了我。"沈肖励从1995年工作到现在,没出过一次错。

沈嘉励上学时成绩优秀,1993年高考分数达到清华录取线,但他只是根据自己的喜好报了南开大学电子科学系,沈世钊也觉得很好。本科毕业后,沈嘉励考到清华电子工程系读研究生,沈世钊也支持他的决定。对此,沈嘉励说:"我父亲就是觉得很多事情水到渠成,顺其自然即可。"

沈嘉励2000年硕士毕业后留京工作,从事生物特征识别和智能交通方面的研究和开发。2003年赴英国攻读计算机科学博士学位,2007年获得博士学位后,一直在英国高校和公司从事软件开发以及人工智能领域的研发工作,主要涉足的领域包括图像处理、机器人视觉、智能监控系统、人脸以及人体识别、深度卷积神经网络等。

沈肖励和沈嘉励姐弟俩都没有继承父母的衣钵，但沈世钊和王仲奇觉得他们自己的选择也很好。对儿女的婚姻大事，沈世钊夫妇也给予了充分的信任和尊重，没有任何干涉。沈肖励的男朋友，父母很满意。沈嘉励交到女朋友，父母也觉得非常好。沈嘉励说："我和爸妈说，这是我的女朋友，爸妈说'好啊好啊'。过一段时间又告诉他们说可能想结婚了，他们又说'好啊好啊'。"

沈肖励和沈嘉励最熟悉的就是父母工作的身影。在儿女的印象中，沈世钊严谨有条理，总是不急不缓，做什么事都给人气定神闲的感觉。他们时常看到沈世钊在家里给学生改论文，听到他说这个词是不是用得不太合适，换成那个词好不好。有的时候一页就会改很多，改很久，甚至细致到一个逗号不对，应该用分号还是用冒号。

沈嘉励学习有时候粗心，自己会的问题却总也得不到满分。王仲奇教育他时就用沈世钊做榜样，告诉他："你爸爸从来就没这个问题，他如果是会的，就一定能答对。"沈肖励记得某一年父亲的一个大学同学来家里做客，闲谈中聊起当年上学的趣事，说："你父亲的演算纸比我们这些同学的卷子还干净。"

沈嘉励说，父亲几乎从来没有批评过自己，而印象中仅有的几次"接近批评"，也是父亲觉得他不修边幅，头发不好好梳，衣服整理得不太好，吃饭太快不注意细嚼慢咽。"我爸爸他自己比较整洁，衣物都整理得井井有条，东西在哪都知道。"在沈嘉励看来，父亲就是这样一个从容不迫的人，一个从旧时代走过来，但又开明开放的儒雅之士，一位从容养育儿女的父亲。

桂林开会后游漓江（2003年）

沈肖励参加父亲70岁寿宴（2003年）

全家福（2010 年）

沈嘉励（2018 年）

沈世钊和沈肖励（2019 年）

第八章

大跨之美

结构美学

对结构合理形态的探索一直是结构工程师们的努力方向。纵观那些著名的经典结构，无不体现了使用功能、优美形体与合理受力的协调一致。上述追求也推动了结构体系的不断创新和发展。

沈世钊在一篇特邀报告《结构形态学与体系创新》中列举了国际上一些知名学者的观点：

结构应具有自身的表现力，合理的结构本身就蕴含着美。

——Pier Luigi Nervi

建筑的目的不是炫耀技术，而是更好地表达自然。了解存在于自然界的构造过程，人工地表达这种过程，乃设计之道。

——F.Otto

自然界存在着以最少结构提供最大强度的矢量系统。

人类的发展需求应与全球的资源和科技水平结合在一起，用最高效的手段解决最多的问题。

——B. Fuller

国际薄壳与空间结构协会（IASS）于1991年提出了"结构形态学"一词，并成立了相应的工作组，目的即在于推动这一方向的研究。此处形态学的"形"是指结构形式，包括结构体系、外形、内部拓扑等内容，"态"是指结构性能，包括使用功能、受力状态、经济性等内容。但IASS始终未对结构形态学给出严格定义。

沈世钊通过他在工程实践和理论研究中的体会，对结构形态学提出了明确的定义：结构形态学研究结构"形"与"态"的特征及相互关系，寻求二者的协调统一，目的在于实现以合理、自然、高效为目标的结构美学。

他第一次提出了"结构美学"的概念。他说："建筑设计追求美，我们搞结构设计，特别是搞创新的大跨度公共建筑的设计，实际上也是追求美；我们的美学目标就是受力合理，外形及构造自然大方，不矫揉造作，节省材料，节省造价，也就是'合理、自然、高效'。"沈世钊率领团队参与的工程实践，用沈世钊的话来说："我们都是尽量努力，使它们能够达到我们所说的结构美学目标。"

哈尔滨国际会展中心

进入21世纪，沈世钊及其团队也有选择地完成了一些重大工程的结构设计。2002年开始设计、建成于2004年的哈尔滨国际会展中心采用了当时国内跨度最大的张弦桁架结构，其跨度达到128 m。

张弦桁架结构是一种由刚性构件上弦、柔性拉索下弦，中间连以撑杆组成的具有自平衡特性的结构体系。张弦桁架结构可充分利用高强索的强抗拉性与刚性上弦取长补短，协同工作，充分发挥每种构件材料的作用，是大跨度空间结构中典型的刚柔结合的混合结构体系。我国较早就开展了对张弦桁架结构体系的研究。1957年第一个张弦桁架模型试验就是在哈尔滨工业大学进行的，跨度

12 m。但张弦桁架结构在国内外大量应用并将其跨度做到 100 m 以上还是近些年来的新动向，这也是近年来发展最快、应用最广泛的结构体系。

哈尔滨国际会展中心主馆（128 m 张弦桁架结构）

这也是当时刚跟着沈世钊读博士的支旭东参与的第一个比较大型的工程。2002 年 4 月，博士一年级的支旭东跟随设计团队到全国各地考察当时主要的一些会展中心，如广州会展中心、深圳会展中心、厦门会展中心、上海会展中心等。

考察回来之后，沈世钊带领设计团队开始对哈尔滨国际会展中心的结构进行设计。支旭东也把考察过程中了解到的某些项目在设计和施工当中存在的一些问题做了反馈。支旭东记得，沈世钊当时说："我们也可使用这种比较流行的结构形式，但肯定要在现有的基础上解决好一些问题，做得更好更完善一点。"最终，沈世钊拍板，采用了 128 m 跨度的改进型张弦桁架结构。

在这个项目中，范峰挑大梁主持，沈世钊作为指导顾问，决定大方向。

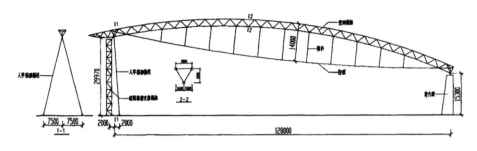

张弦桁架结构简图

可能是由于构造或施工的原因,既有的几个工程中张弦桁架的下弦拉索都没有与支座对中,局部受力比较复杂。沈世钊对此做了改进,提出了采用支座处杆力对中且静定支承的体系,以释放上弦的弯曲应力。预应力张弦桁架由前端的人字形摇摆柱和后端的刚性柱支承,桁架与刚性柱之间连接为固定铰支座,摇摆柱则为桁架提供了理想的可动铰支座,使超大跨度的张弦桁架的整体受力形成理想的简支形式,这样可以很好地释放桁架中的温度应力,同时可以不对下部结构产生较大推力,大大简化下部结构和基础结构的设计。这些措施相对于国内外已建成的某些张弦桁架有很大的改善。

当时还是硕士生的钱宏亮也参与了这项重大工程。他记得,在设计结构方案的时候,为了解决巨大展馆的纵向刚度问题,沈老师提出来一个简单的解决方案:做"人"字柱,这个问题就迎刃而解。前端的"人"字柱既可以传递竖向力,又可以为建筑物提供足够强大的纵向刚度,从建筑造型和结构受力上看都是比较理想的。

作为当时国内最大的张弦桁架结构,在性能方面要做的分析非常多。同时,会展中心5万人的体育场,采用了巨型网格支承的膜结构,在国内也是首次。由于时间紧张,在具体计算时,团队13人直接把电脑搬到了设计院现场,连续工作了2个月,完成了会展主馆和体育场的设计任务。工程难度较大,工程实施中的很多

哈尔滨国际会展中心体育场（巨型网格结构）

理论问题他们要现学，还需要开发很多相关的配套程序。

支旭东记得，每当分析出一个力学结果之后，沈世钊都有一种概念性的判断，比如告诉大家某个地方是偏弱的，应该怎么去改进。沈世钊总要求说："我们设计的结构，不应仅仅是一个基本安全的结构，还应该是非常优化，而且是经济、美观的结构。"支旭东现在回忆，依然觉得"当时真的是用尽了全力"。

哈尔滨国际会展中心目前仍然是哈尔滨市规模最大的集会展与体育赛事功能于一体的综合场馆。体育场占地面积 63 万 m^2，其看台雨棚主体支承结构采用空间双拱体系，表面采用轻质高强并兼具耐久性要求的膜结构，总体上给人一种流畅柔美的感觉，与会展中心整体设计相映成趣，并满足综合设施的统一性和整体感。做完会展中心项目之后，支旭东说他再遇到其他工程，就没有害怕过。"当你做了这么大一个工程，解决了这些难题之后，你再遇到其他工程，都觉得有底气了。"

在第三届全国现代结构工程学术研讨会上，范峰、支旭东、沈世钊写了一篇文章《哈尔滨国际会展体育中心大跨钢结构设计》，对结构形式、参数取值、关键技术等方面做了介绍，同时对该结构的一些设计特点进行了叙述。文章后面特意标注：哈尔滨工业大学土木工程学院徐崇宝教授、钱宏亮、孙晓颖、王林安、邢佶慧、赵振东、李方慧、曹正罡、张亮泉、孙瑛、陈波和柳旭东多位同志参加了本项目设计，他们的辛勤工作使得设计得以顺利完成。

由于出色的工作，这个项目获得了土木工程类全国最高的三项奖励：中国土木工程詹天佑奖、全国优秀建筑结构设计一等奖和中国建筑结构设计金奖。

大连体育馆

在大跨度日益盛行的今天，预应力技术得到了广泛应用。就预应力对结构的作用而言可分为两大类：一类是以张拉整体结构和索穹顶结构为代表的必需预应力结构；一类是以弦支穹顶和张弦梁为代表的非必需预应力结构。单层网壳结构对初始缺陷要求极为严格，且该结构对支座存在较大的水平推力；索穹顶结构对预应力大小也有极高的要求，预应力不足时上层索会出现松弛而退出工作。为了解决以上问题，日本法政大学学者川口卫提出弦支穹顶结构的概念，巧妙地结合了单层网壳结构和索穹顶结构的优点，将索穹顶结构的上层索网以单层网壳代替，使得结构成型前已经具有一定的刚度。另外，两种结构体系对支座的作用相互抵消，使结构成为自平衡体系，在充分发挥单层网壳结构受力优势的同时能充分利用索材的高强抗拉性，调整体系的内力分布，降低内力幅值，从而提高结构的承载能力。

2010年建成的大连市体育中心的体育馆属于大连市地标性建筑，造型结合看台布置，东西两侧高，南北两侧低，形成马鞍形，与内场空间紧密结合。主体屋盖平面呈椭圆形，轮廓尺寸为145.4 m×116 m，是目前世界上最大跨度的弦支穹顶结构工程之一。

针对结构的巨大尺寸，沈世钊带领团队在一般的弦支穹顶结构基础上进行了改进，提出了创新的巨型网格弦支穹顶结构，将上部网壳改变为由格构式构件组成的巨型网格肋环型体系，使得结构网格尺寸更大，屋面通透性更好，材料利用率更高。体育馆下部采用钢筋混凝土框架结构。在屋盖巨型网格弦支穹顶对下部结构的支承上，也采用了许多创新的构思。在结构的配合下，体育馆造型围绕一条空间的螺旋线展开，形体流畅完整，好似一个巨大的陀螺，亦可想象成为海风、海水的旋涡等具象形态，形成体现大连独特地域文化特征的感官体验。

这一结构获2012年中国钢结构协会空间结构设计金奖。

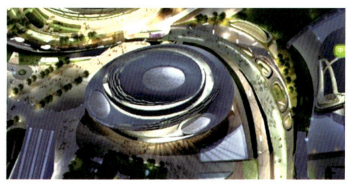

大连体育馆外景图

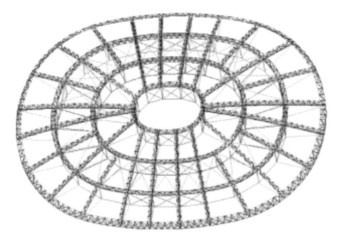

大连体育馆屋盖结构图

随着我国空间结构的迅速发展，大跨度弦支穹顶结构体系在大型体育场馆领域的应用越来越广泛。其在大连体育馆的应用表明，通过合理的结构变化，将传统的弦支穹顶上部网壳结构替代为更加新颖的网格结构体系或其他结构体系，实现结构形式的创新和突破，不仅可合理扩大弦支穹顶的使用跨度，也为实现大跨建筑结构的整体美观性、经济性和安全性提供更多方案选择。

"鸟巢"盖子之争

2001年7月北京获得2008年奥运会举办权，随后沈世钊被聘为奥运场馆建设高级顾问，作为北京奥运会体育场馆评审委员会空间结构专家，参与了很多奥运场馆的方案评审和工程咨询工作，亲历了从方案评审、设计修改到施工建设的全部过程。

沈世钊出席2008年奥运会国家游泳中心设计方案评审会

尤其是国家体育场(以下称"鸟巢")作为北京奥运会的主会场，寄托着中国人的奥运梦想。在托举这个梦想的方阵中，沈世钊发挥了重要作用。2004年5月，巴黎戴高乐机场候机厅发生坍塌事故，"鸟巢"工程的安全性自然也受到了高度关注。5月30日，北京市委召开了专门会议讨论"鸟巢"的设计和施工安全问题，邀请了沈世钊等专家参加。会上，时任中共中央政治局委员、北京市委书记刘淇问道："在安全上，到底有没有问题？"沈世钊坦诚地说："理论上没有理由说它有问题，但实际上我们却有些担心，因为结构自重太大，固定荷载占总荷载的80%，就好像一头老黄牛积年累月在重载下工作。"

"鸟巢"的最初设计方案具有一个可开合的滑动式屋顶，当它合上时，体育场将成为一个室内的赛场。但这种大跨度结构需要大量用钢，结构自重占的比例很大。刘淇问，那该怎么补救？沈世钊从结构角度提出了一种可能的解决方案，即在保持"鸟巢"外观不变的前提下，去掉上方的可开合屋顶，再适当扩大中央的开孔；初步估计，采取这一措施，既能提高结构的安全性，还能减少钢材用量1.5万吨，工期也可以加快一年。但他同时也指出，这一措施牵扯到体育场遮雨功能的调整，所以除了从结构自身角度以外，还应该从更加宏观的角度来进行决策。

7月，时任国务院总理温家宝做出"节约办奥运"的指示。同时，"鸟巢"的施工进度也有点紧张。在这一背景下，沈世钊提出的"鸟巢"瘦身减负的建议获得认可。12月，经过专家的多次讨论论证后，最终方案出台，同意去掉可开合的滑动式屋顶，并扩大"鸟巢"中央的开口，"鸟巢"的外观及设计理念都不改变。

但是，在谈到奥运工程时，沈世钊也不无遗憾。当时最重要的一些奥运场馆概念设计方案都是外国设计机构中选。这些方案都通过严格评审选定，应该说代表了当时国际建筑设计的先进水平。概念设计对结构只进行了初步的考虑，需要国内设计机构配合做进一步的深化设计，沈世钊说："但是我们的确失去了不少更主动地进行空间结构创作的机会。"他指出，国际设计机构大规模占领中国建筑市场的状况不仅限于奥运工程，这也是国内建筑界当时议论较多的问题之一。这也从一个侧面反映了我们在建筑设计方面与国外先进水平相比，尚存在一定差距。从空间结构的角度来审视，当时主要表现在结构形式还比较拘谨，缺少大胆创新之作，说明新颖的建筑构思与先进的结构创造之间尚缺乏理想的有机结合。所以，我们的确是同时面临巨大的机遇和挑战。沈世钊说，这也说明我们面前还有巨大的发展空间，有待我们继续努力，中国人富于聪明才智，前景无疑是光明的[①]。

---

① 《工程科技的实践者——院士的人生与情怀》，P777-778

"中国天眼"与"哈工大星"

2016年9月25日,国家重大科技基础设施、有着"中国天眼"之称的500 m口径球面射电望远镜(Five-hundred-meter Aperture Spherical radio Telescope,FAST),在贵州平塘县的喀斯特洼坑中正式落成启用。"中国天眼"是具有我国自主知识产权、世界最大单口径、最灵敏的射电望远镜。它的落成启用,对我国在科学前沿实现重大原创突破、加快创新驱动发展具有重要意义。

"中国天眼"与号称"地面最大的机器"的德国波恩100 m全自动望远镜相比,灵敏度提高约10倍;与被评为人类20世纪十大工程之首的美国阿雷西博(Arecibo)300 m射电望远镜相比,其综合性能提高约4倍。作为世界最大的单口径望远镜,FAST将在未来20~30年保持世界一流设备的地位。从理论上说,"中国天眼"能接收到137亿光年以外的电磁信号,这个距离接近宇宙边缘。甚至有外国科学家这样形象地描述"中国天眼"的功力——"你在月球上打电话它都能发现"。

"中国天眼"之所以能够顺利竣工和投入使用,是因为有一项全球首创的技术发挥着至关重要的作用。这项技术就是由沈世钊率领的哈工大空间结构研究团队承担和完成的FAST项目主动反射面结构系统——被称为"中国天眼"的三大自主创新之一。

射电望远镜用于接收宇宙天体发出的无线电信号,望远镜的精度与反射面面积直接相关。中国科学院国家天文台500 m口径球面射电望远镜工程首席科学家、总工程师南仁东曾说："宇宙空间混杂各种辐射,遥远的信号像雷声中的蝉鸣,没有超级灵敏的'耳朵',根本就分辨不出来。"阅读宇宙边缘的信息需要巨大口径的望远镜。1993年,国际无线电科联提出SKA计划:建造由多架射电望远镜组成的阵列,等效于一架反射面积达1 km^{2}的超大望远镜;1994年,中国提出FAST计划,争取作为SKA阵列的先导单元,并启动项目预研。为此,中国科学院国家天文台先后邀请了一些高校和科研部门承担FAST的结构研发,可是最终都没有达到工程实践的要求,直到2003年,依然未能形成合理的结构设计方案,导致FAST工程进展缓慢。

2003年5月,FAST工程总工艺师王启明偶然阅读了沈世钊的著作《悬索结构设计》,里面介绍了索网结构的设计理论和工程实践。看完这本书之后,王启明大喜过望,开始将目光转向哈尔滨工业大学,并在第一时间赶到哈尔滨拜访沈世钊,与之详谈FAST工程以及关于结构设计的内容和遇到的问题。

沈世钊(中)与"中国天眼"首席科学家南仁东(右)等人合影

在双方深入探讨之后，"大射电望远镜"推进委员会决定邀请沈世钊团队负责 FAST 项目主动反射面结构系统的预研和方案设计。沈世钊带着团队开始进行可行性研究和方案设计。虽然沈世钊担任了主要指导角色，却让范峰和钱宏亮走上了前台，分别担任主动反射面结构系统的总工程师和副总工程师，让他们发挥第一线的作用。

FAST 项目主动反射面结构系统需要解决的难题主要有 3 个：一是体型超级巨大，此前世界上最大的是美国阿雷西博 300 m 射电望远镜，而"中国天眼"的直径达到 500 m，反射面的面积约 30 个标准足球场大小。二是反射面要求实时变位，其支承结构是可实时调控的复杂机构系统，随着天体的移动变化，在射电电源方向形成 300 米口径瞬时抛物面，这样扫描范围可覆盖 40° 的天顶角，这是世界上首次。而此前的阿雷西博射电望远镜是固定望远镜，只能通过改变天线馈源的位置扫描天空中的一个约 20° 的带状区域。三是工作抛物面的成形要求超高精度，风力、温度、材料的疲劳性等都会影响精度，就算最普通的风吹日晒也会导致热胀冷缩以致发生变形，但随天体行动而移动变化的 300 m 口径瞬时抛物面每个位置误差要求小于 5 mm。可以说每一个特点都是 FAST 项目结构设计的拦路虎，也导致了之前参与方案设计的其他团队折戟沉沙，鸣金收兵。

针对 FAST 项目的特点所带来的巨大挑战，沈世钊团队通过大规模的变位模拟分析对不同体系进行对比和优化，最后选用由 4450 个三角形网格组成的短程线型可变位索网体系。在此基础上对主动反射面工作变位策略、风环境和结构风致响应、非均匀温度场及其效应、面形精度参数敏感性、索网结构疲劳性能等关键理论问题进行系统研究和精确分析，以保证反射面的结构安全和超高精度要求。

　　FAST反射面索网结构作为一种全新的巨型复杂结构体系，在工程实施之前必须对各项关键技术进行全面试验和验证。2005年，特意在北京密云做了一个30m口径的模型，进行全过程试验，成功地验证了所研发的索网体系的预应力成形变位功能及模拟技术。

FAST30 m模型

国际评审会上范峰汇报了结构初步方案

2006年3月，在北京召开了国际专家评审会，国内外最权威的天文学家和结构专家受邀作为评委。范峰代表团队在会上汇报了主动反射面结构系统的设计方案，得到评审委员会的充分肯定。范峰说："那个会上给出了一个明确的建议意见，说这个结构方案是可行的。我们提出的方案，能够满足天文台的所有要求，比如精度、望远镜工作性能、结构造价等。"

通过评审后，FAST项目于2007年1月作为"十一五"国家重大科学工程正式立项，哈工大作为第一合作单位负责反射面结构系统的初步设计。国家天文台聘任沈世钊院士为这一国家重大科学工程的科学技术顾问。

沈世钊受聘国家重大科学工程FAST科学技术顾问证书

如前所述，团队要重点解决如下五个关键理论问题：主动反射面工作变位策略、风环境和结构风致响应、非均匀温度场及其效应、面形精度参数敏感性、索网结构疲劳性能。每一个问题都面临复杂的理论挑战和巨大的计算工作量，整个预研工作和初步设计耗时几年之久。以主动反射面工作变位策略为例，反射面为实时拟合随天体移动的工作抛物面，其变位策略是结构分析及优化中的核心问题。所谓"变位策略"，就是要找出工作抛物面相对于基准球面的最优位置，使得变位过程中控制索内力最低。工作抛物面可能在反射面上的任意位置，理论上有无穷多可能性。当时，为选择适宜的工作面变位方案，团队对每种变位方案均选择了400多个代表性位置各进行模拟，通过优化分析最终才确定出最合理的变位方案。

FAST反射面采用超大跨度轻型索网结构，风荷载是必须考虑的外部作用。FAST地处山区洼地，其复杂地形环境下的风荷载分布和取值没有任何参考依据，为此必须进行实际地形下的风环境数值模拟分析。团队对 $8\text{ km} \times 12\text{ km}$ 的计算域进行了12个风向角的风环境模拟。为分析日照温差产生的非均匀温度场，团队根据实际观测数据模拟了一年中每一天不同时刻反射面各位置的分布温差，用以分析反射面面形精度和索网应力的日变化。在研究下料尺寸、材料性能等结构随机参数对结构的影响以及结构疲劳性能时，团队更是应用统计学方法分别进行了十余万次重复试验，其间的付出与艰辛只有当事人最有体会。

沈世钊起到了定海神珍的作用。范峰说："可能我们做具体工作更多一些，但是在大的方面，比如采用什么样的结构体系，采用什么样的网格，沈老师提出的建议往往比我们的具体计算要有价值得多。又比如结构抗风的问题，怎么进行模拟等等。沈老师提出了很多很好的建议，我们才一步一步地前进，不断优化，不断讨论，不断往前进步，逐渐形成最终的结果。"

钱宏亮说："沈老师对重大问题的把握，是我们没法比的。他对结构概念的把握非常精确。"他介绍说："我们经常跟沈老师汇报。有很多东西我们需要拿软件来进行计算和对比，但是他看你做的结果，就能看出来对还是不对。有时候我们考虑不全面，他很快就能发现。"

一向从容的沈世钊也说："这个项目我们干得很艰苦。"自2003年开始预研，到2007年正式立项，2008年12月项目奠基，2011年项目主体工程开始实施，研发工作历经8年时间。又经过5年的施工建设，2016年7月3日该望远镜的最后一块反射面单元成功吊装，前后用了13年时间，支持"中国天眼"成功"开眼"。团队在整个研发过程中培养了3名博士和8名硕士。其间也留下了很多弥足珍贵的纪念。2005年钱宏亮的儿子出生，当时团队正在全力投入这个项目中，钱宏亮请老师沈世钊给孩子起个名字。沈世钊想了想，说："就叫'钱望远'吧！"钱宏亮很喜欢，用了这个名字，纪念他们的工作。

沈世钊团队完成的主动反射面结构方案和多项关键技术成果，为FAST项目的立项、实施和落成启用提供了强有力的技术支撑和保障。鉴于哈工大做出的突出贡献，2010年3月30日，中国天文台提请国际天文联合会批准，将1996年6月7日发现的小行星命名为"哈工大星"，6月7日正好是哈工大的校庆日。小行星命名的严肃性、唯一性和永久不可更改性，使获得小行星命名成为世界公认的一项殊荣。沈世钊也非常开心："哈工大是唯一没有天文系而得此殊荣的学校。"2010年，在哈工大建校90周年到来之际，"哈工大星"小行星雕塑落成仪式在哈工大隆重举行，如今已成为哈工大的著名一景。

2010年6月7日"哈工大星"落成仪式

沈世钊(中)和范峰(左)、钱宏亮(右)在"哈工大星"雕塑前合影留念

有专家认为,FAST将在未来10年至20年保持世界一流设备地位,可在观测脉冲星、探测星际分子等多个方面取得新发现,还将探索地外文明,监听可能的星际通信。除了天文观测,FAST还将作为地面的主要测控装置为中国的探月、登月,乃至以后登陆火星提供定位、导航、接收信号等支持。

沈世钊在总结这一重大工程创新时自豪地说,FAST反射面支承结构实质上是一个超大跨度、超高精度要求、形状实时可调控的巨型机械系统,是对现有结构工程技术的重大挑战。通过持续、系统、深入的关键技术研究,所提出的主动反射面总体结构方案及相关技术创新成果为这一国家重大科学工程的立项和工程实施奠定了坚实基础。同时,FAST项目的成功实施及系列关键技术的合理解决,也为推动我国空间结构技术的发展做出了有益贡献。

沈世钊(中)和范峰(右)、钱宏亮(左)在FAST落成启用现场合影

2016年FAST被评为国际十大科技新闻。同时，FAST也将中国的天文学带到了世界第一梯队。央视纪录片《辉煌中国》介绍："这是人类历史上最大的射电望远镜FAST……7000多根钢缆织起的这张巨网，是世界上跨度最大、精度最高的索网工程。"2021年《光明日报》（7月20日01版）还用鲜活的语言报道沈世钊在空间结构技术方面做出的突出成绩："知乎上有人问：'国内有哪些做大跨结构的牛人？'点赞最高的回答是：'国内最牛的应该还是沈世钊。'"

学术交流

沈世钊及其团队进行的理论研究和工程创新受到国内外同行的广泛重视，他经常应邀出席相关学术会议做大会报告。他也很重视同国内外的知名学者进行经常的学术交流。

邀请日本钢结构协会主席高梨晃一教授（中）讲学（1987年）

沈世钊也鼓励团队成员有机会多出国交流、访问，开阔视野。他团队的主要成员基本都有出国交流的经历。

邀请日本结构知名专家中岛正爱教授（右）讲学（1988年）

应邀赴捷克布尔诺理工大学讲学（1987年）

与空间结构先驱 Makovsky 教授（左三）交流
（IASS 年会，1993 年，英国瑟雷）

1993 年访问伯明翰大学与伯大校长（左二）会晤

与参会日本、韩国同行合影
（亚太地区国际空间结构协会APCS学术会议，1996年，北京）

中韩空间结构论坛（2000年，首尔）

第三届两岸结构与大地工程研讨会（2001年，台北）

中日建筑钢结构技术论坛（2003年，北京）

中日建筑钢结构技术论坛做报告（2003年，北京）

IASS-APCS 年会（2003年，台北）

2002年12月5日，在北京举行的第十届空间结构学术会议暨空间结构委员会成立20周年大会上，沈世钊获得了"空间结构杰出贡献奖"，并做了题为"中国空间结构理论研究20年进展"的精彩报告。

2012年5月，沈世钊率领空间结构研究中心的10余名成员参加了在韩国首尔举办的IASS年会，并做了题为"空间结构领域的若干理论研究"的特邀报告。在此次会议上，IASS授予沈世钊"荣誉会员"（Honorary Membership）称号。该称号是为表彰在空间结构领域做出突出贡献的学者而设立的最高荣誉奖，由执行委员会投票选出，每年不超过2人，全球获此殊荣者仅有17位。

IASS年会现场，与IASS主席Abel教授及日、韩空间结构协会领导合影（2012年，首尔）

IASS主席Abel教授授予沈世钊"最高荣誉奖"（2012年，首尔）

获IASS"最高荣誉奖"后合影

IASS 大会报告"空间结构领域的若干理论研究"（2012年，首尔）

在庆祝空间结构委员会成立30周年大会上做报告（2012年，北京）

2017年11月7日,中国钢结构大会召开,授予沈世钊中国钢结构协会最高成就奖,以表彰其对推动钢结构产业发展做出的突出贡献。

沈世钊(左五)在中国钢结构协会最高成就奖颁奖仪式上领奖

中国钢结构协会最高成就奖证书

2018年5月28日,在中国科学院第十九次院士大会、中国工程院第十四次院士大会上,习近平总书记发表重要讲话,指出:"要充分认识创新是第一动力,提供高质量科技供给,着力支撑现代化经济体系建设。"总书记的讲话引起与会院士热烈反响,他们纷纷表示要勇做排头兵,以实际行动为建设世界科技强国贡献力量。建设现代化经济体系,更多要依靠提高全要素生产率来推动质量变革、效率变革、动力变革。沈世钊在会上表示,作为工程领域的科研工作者,要围绕国家战略需求,坚持创新,奋发向上,为国家建设更多的精品工程,助力国家早日建成科技强国。

第九章

精育良才

言传身教

沈世钊在从事科学研究过程中，还为我国培养了大量的空间结构人才。他所教授过的硕士、博士，很多都成为我国大跨空间结构队伍中的重要力量。在培养学生的过程中，他以身作则，在治学态度、科学道德乃至思想情操等方面都言传身教，率先垂范做人做事的道理，备受学生尊敬。

许多人都认同，沈世钊沉静内敛，不是一个感情外放的人。如果头一次和他见面，假如他不说笑的话，也许会因为他比较严肃的外表而感觉到一种距离。事实上，沈世钊的内里热情充沛，一旦你和他有了可以沟通的基础，他对你的热忱是毫无保留的。和沈世钊有合作和师承关系的人，也都对沈世钊的耐心、认真以及完全没有架子印象深刻。

孙瑛记得第一次见到沈世钊是在空间结构研究中心的一次例会之前，那时她刚上研究生一年级。沈世钊不认识孙瑛，问道："你是谁呀？"孙瑛告诉他是新入学的研究生。沈世钊跟她闲聊问道："你家是哪里的？"得知孙瑛是福建的，同为南方人的沈世钊非常高兴："我一看你就是小巧灵动的样子，应该挺灵活！"孙瑛每次想起这个让人意外的初次见面，就觉得"沈老师很幽默"。

范峰本科和硕士的导师并非沈世钊，当时沈世钊已是哈建大的校长。在硕士学习过程中，听他的导师王娜谈起过沈世钊，对其学术成就和为人非常敬仰,硕士毕业以后,非常想读沈世钊的博士。通过王娜的推荐,范峰与沈世钊的见面约在了沈世钊家中。"去见沈老师和师母,一是怀着崇敬的心情,另外也有些紧张,因为我了解到沈老师招收学生是非常严格的。"当范峰怀着忐忑的心情来到沈世钊家中时,发现沈世钊并不是他以为的那样严肃疏离,高高在上,反而让人"如沐春风"。总体来说,范峰认为那次见面对他来说是非常愉快的一次经历,"很和蔼、很亲切,我们的心理距离一下子拉得非常近"。随后,范峰如愿成为沈世钊的博士生。

事实上沈世钊对于学生是有所选择的,所以在他的许多学生身上,或多或少地也可以看出一些共通的特点。早期能够跟着沈世钊学习,进入研究中心的学生,基本上都是第一名。"那时候读博士确实都是精英中的精英,学生反复磨炼,师生双方也是优中选优。"范峰说,经过几年的淬炼,师生之间的感情也非常深厚。

沈世钊与学生们讨论问题
(前排左起:支旭东、武岳、沈世钊、范峰)

与学生们在一起

在陈昕看来,"对沈老师,我们从来没有像现在有些人所说的'老板'的概念。老师就是老师。"对待学生,沈世钊是中国式大家长的态度,对每一个学生都非常尽心。

陈昕报考博士,是因为当初沈世钊介绍的大跨空间结构很吸引他。那时候下海潮正在涌动,不少人认为继续读博太辛苦,不如做一点更实惠的工作。陈昕逆潮流选择深造,他说这跟自己的性格相关,也跟沈老师有关。当时选择下海的同学买一个皮包就能花2000多元,陈昕一个月的津贴拿到手才60多元。"但是我们没有受这个影响,就是学习。"因为陈昕更注重内心的价值追求,"跟着沈老师学习很舒服,我们要那种感觉"。他特别举例说,空间结构研究中心有很多教授、副教授都是南方人,他们如果去其他任何一个城市,进非常好的公司肯定没有问题,但他们都不约而同选择留下,是因为沈世钊的魅力。

陈昕跟随沈世钊做研究的那些日子,因为沈世钊白天还有行政工作,他就跟沈世钊约晚上的时间到家里去。通常是先在沈世钊家吃晚饭,然后开始讨论课题,一般都会持续到很晚。陈昕的博士论文,沈世钊逐字逐句修改。陈昕那段时间埋头研究和学习,心中充满着追求知识的兴奋。最后,他的博士论文写得漂亮极了,国内11位评审专家审核,一致认为是一篇非常优秀的论文,并且给了很详尽的评语。学校研究生处的工作人员还跟陈昕说:"你这个论文的评语是咱校有史以来最多的一个。"这都是沈世钊跟他一字一句改出来的。

在其他方面,沈世钊对学生也非常大度。博士期间,陈昕每月60多元津贴根本不够花,想学英语买盘磁带就得十多元。沈世钊知道了,直接给钱让他去买。出差也让他们选好一点的地方住。"沈老师从不会计较这些事情。他大事小事都是这样，非常为我们着想。其实人跟人相处，心是最敏感的，最能感觉到对方的。"陈昕说。

支旭东记得自己读研究生之前，与沈世钊尚没有直接接触。那时他们的钢结构课最后需要做课程设计，并进行答辩。每个同学进到屋里后，看看哪位老师面前有空缺，就可以选择这位老师做一个答辩。先答辩完的同学，出来后相互交流心得，对后面等待的同学传授经验时说："哎，那个沈老师特别好，找他答辩，他问的都是偏概念性的问题，而且人特别和蔼可亲。"

张清文也提到，沈世钊指导学生，看学生通过幻灯片做报告时，最强调要有逻辑。"幻灯片文字不能太多，要清晰明了，思路、概念要清晰，你把这些讲清楚了，他就会对你有一个肯定，然后指导你下一步该怎么做。"

2005年9月，支旭东写完自己的博士论文《网壳结构的强震失效机理》，距离2006年3月份毕业还有半年时间。沈世钊看完论文之后找他谈，然后让他回去修改。"最起码系统地讨论整个论文有8到10次的样子。"支旭东印象深刻的是，每次跟老师讨论，沈世钊说得最多的就是："旭东，你先讲一讲你为什么这么去定义它，为什么这么分类？""你讲得不够清晰，先考虑一下，换一种说法，再给我讲一讲。""你解释得可能有点啰唆，能不能用一句最简单的话把它总结出来。"半年时间，这个过程一直循环反复，讨论之后改，改了再讨论。直到2006年的2月份，支旭东说，终于把强震失效机理彻底弄清楚了。这也是支旭东博士论文的核心。他说："前面肯定是做了很多的计算分析等等技术性的工作，但实际上理论的提炼和升华，是在最后阶段和老师的反复交流之间完成的。"

一般来说,大方向和小细节似乎是不兼容的,但这两种特质在沈世钊身上得以奇妙的融合。范峰说:"沈老师对我们的指导是在宏观方向上提供一些建议或是提供相关的材料,我们进行阶段性汇报,他把握总的思路。"在日常的工作中,沈世钊又特别认真。巴恒静印象最深的一个画面就是当年跟沈世钊办公室相隔不太远,总是看到沈世钊"一堆一堆在那改"学生写的材料,"甚至标点符号都要改"。

"我觉得沈老师在大方向和小细节方面结合得非常好。"支旭东说,老师很严谨认真,但思维不会局限在较小的范围里,能够抓住最前沿的、有前途的研究方向。

陈昕博士要毕业的时候,清华大学、浙江大学都发来邀请。陈昕说,这些选择看起来都很好,但自己不可能去。"没有打动我,谁都打动不了我,因为跟着沈老师做事,就不想跟别人做事了。"陈昕由衷地说,"如果非要说'老板'的话,我觉得我一生只有一个'老板',只有沈老师可以当我的'老板'。"

沈世钊对学生的培养是多方面的。2003年,张清文刚上大四的时候,经过一次笔试,一次面试,成为沈世钊的硕士研究生。硕士毕业后,通过联合培养协议,张清文被派往英国曼彻斯特大学读博士。在英国待了5年,各方面都得到了锻炼。博士毕业后回到哈工大,以新的面貌重新加入空间结构团队。

2000年,沈世钊67岁生日时,写了一首《抒怀》诗:"长江后浪拥前浪,万骏奋蹄驰大原。喜看满园滋桃李,耕耘未辍心尤甘。"他在附注里写道:"此生有幸为教师,得天下英才朝夕切磋与共,其乐融融。"

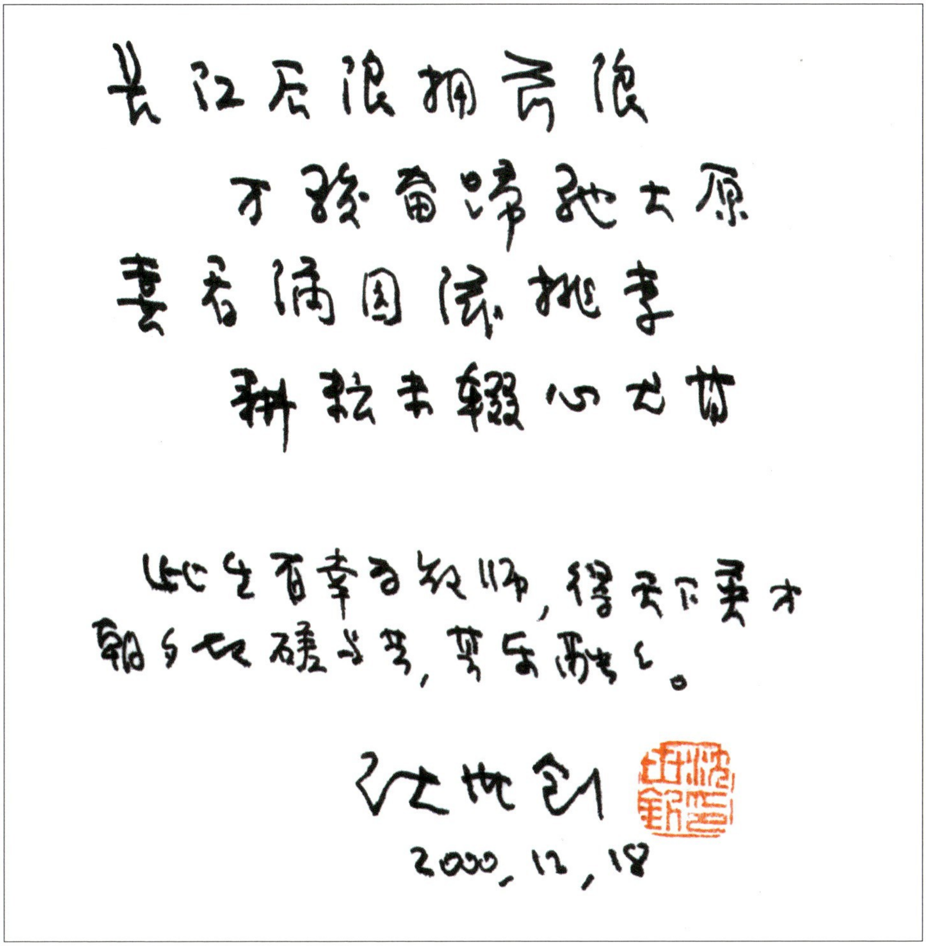

沈世钊手稿

沈世钊擅长启发式教学，言传身教，因材施教，充分挖掘学生潜能。他采取"私塾"的方式，每周与学生定期见面，答疑解惑，传递国内外最新研究进展，并引导高、低年级的研究生就研究领域开展自由讨论、相互交流。这种方式拓展了学生们的知识面，锻炼了大家的思维方式和能力，激发了科研灵感，使他们受益匪浅。

在范峰的记忆中，1996年他读博士的时候，课题组每周都会召开研究生例会，近20多个本硕博学生，每个人都要当众介绍自己的学习内容、研究进展和遇到的问题。沈世钊只要不出差，每周都会按时主持例会，根据汇报情况进行点评和指导。如果是去参加学术会议或者一些重大工程的评审回来，他也会把最新的学术动态介绍给学生。让孙瑛记忆犹新的是，国家大剧院的建设期间，沈世钊作为评委参加了方案评审，回来之后在例会上就专门给学生们介绍大剧院的结构形式。"我当时刚入门，也能参与讨论，就觉得像这种活动对我们影响还是很大的。"

"每次汇报之前，我们要认真地去做大量准备工作，一周接着一周。这在我的整个学习过程中起到了非常重要的作用，每时每刻都有一根弦绷着，督促着我不断学习，不断奋斗，不断向前。"范峰像干燥的海绵遇到水一样迅速充盈起来，受益良多。这种方式，对他来说是压力也是动力，特别是对于抓紧时间做好自己的课题起的作用非常大。

"那时我刚读硕士，有次参加例会，从上午9点一直讨论到下午1点多还没结束，我就感觉特别饿。我看到沈老师还是特别精神，还在跟我师兄们认真讨论，我就想老师年龄这么大了，工作起来还是这么忘我，真是令人敬佩。"支旭东1999年师从沈世钊攻读硕士、博士学位，2006年博士毕业。

"在沈老师门下学习工作，紧张而心情舒畅，不仅在业务上，而且在思想作风和治学态度上均有很多收获。"沈世钊的学生们普遍反映，他是众多研究生争相报考、最受欢迎的导师之一。就这样，沈世钊在率领团队不断攻克前沿科学阵地的同时，言传身教，年复一年地为国家培养和输送高质量的高层次建设人才。

薪火相传，这种形式已经成为空间结构研究中心的传统，如今中心所有老师带学生，都是每周组织例会，师生一起交流讨论，范峰指导学生也这么做。

沈世钊认为，素质教育不仅适用于中小学生、大学生的培养，其精神也同样适用于教师的自我成长。其实，每个人都处在不断自我完善的过程中。研究生和青年教师们作为相对比较成熟的年轻知识分子，他们这种自我完善的自觉性比较强。因此，为他们营造一种积极向上、具有高尚情操和道德风貌的群体环境，对他们进一步成长为社会栋梁之材具有十分重要的意义。

2003年，沈世钊70岁生日时，他为团队写了4个字的治学格言："厚植，笃行。"他还写了解释性的附言："不断积累，厚植根基，才能做到高瞻远瞩，举重若轻，且邪谬不侵；治学做人，均同此理。又贵在身体力行，知与行相辅相成，在服务社会的同时，不断提升自己；故君子笃行。"

沈世钊手书治学心得

沈世钊70岁生日留念

《科学时报》在创刊45周年之际,累计征集到689位两院院士的治学格言。2004年4月1日,该报头版展示了沈世钊言简意赅的4个字。

这其实是沈世钊一贯治学理念的概括。陈昕认为:"沈老师那句'厚植,笃行',我理解'厚植'就是不断学习、不断研究,加深功底;'笃行'就是以严谨的科学态度来进行实践,贡献社会。"

"厚植,笃行",在陈昕看来,还有很重要的一点是能够锻炼出一种预见性。20世纪80年代末,陈昕刚确定博士课题不久,一次跟着沈世钊到北京出差,某天做完事情沈世钊和陈昕一边散步一边说:"陈昕啊,再过十年你就能成为中国空间结构的专家。""我那时就是个研究生,我觉得怎么可能?"陈昕以为老师跟他开玩笑。但没到十年,陈昕已经成了领域内的知名人物。

2001年（正好是陈昕博士毕业10年的时候），深圳某少年宫的环幕影院（采用了单层球面网壳结构）在复测钢网壳尺寸时发现与理想球面有些偏差，需要判断已施工完的钢网壳是否安全，要请国内顶尖专家来鉴定。评审会上请来了董石麟（1997年当选为中国工程院院士）、沈祖炎（2005年当选为中国工程院院士）、徐正忠（建设部科学技术司原司长）和陈昕。"毫无疑问，我的发言绝对是权威的,撞到枪口了,那就是我博士期间研究的东西。"陈昕说，"厚植，笃行，可见十年前做的这个课题对我的影响究竟有多大！"

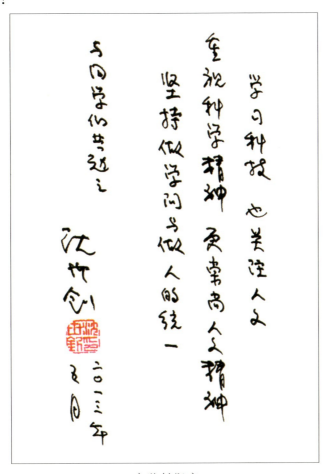

沈世钊题字

"学习科技,也关注人文;重视科学精神,更崇尚人文精神,坚持做学问与做人的统一。"这幅挂在哈工大土木工程学院四楼的题字,由沈世钊亲笔题写,也是哈工大土木学院每一位老师和同学都知道的一句话。"它就像哈工大'规格严格,功夫到家'的校训一样印在我们每一个土木人的心里。"2001年就来到空间结构研究中心的孙瑛说。

孙瑛进入空间结构研究中心后,开始做大跨空间结构的抗风设计,研究不同的结构对风的敏感程度,以及如何在工程中对分析方法进行简化,使工程设计人员能够快速掌握。当她选定这个方向后,沈世钊给予了充分肯定。在孙瑛毕业开始工作之后,沈世钊遇见她总是叮嘱她要注重积累。在孙瑛心中,即便已经独立做研究很多年了,她的大部分底气还是来自沈世钊的肯定。"沈老师觉得这个方向对,我们才放心大胆地往下做。"

2007年5月至2008年5月,孙瑛在日本东京工艺大学作为COE研究员参与21世纪COE项目"风对城市、建筑物的影响"的相关研究工作。她从日本回来后,开始给学生上课。要大家重视讲课也是沈世钊最关心的内容。

"讲好课,实际就是做好教师的本职工作,这个在我心里,老是放得很重。"沈世钊经常说,"我们高等学校不是研究院,我们的主要任务是培养人才,搞科研的目的之一也是为了更好地培养人才。"

"当年沈老师他们对备课要求非常严格,所有老师上课以前,都要组织试讲,给出意见,最后才能走上讲台。这一点我们也继承下来了。"孙瑛在准备给研究生开结构工程课程时,请沈世钊给予点评。"沈老师说,有一些概念,你说的是自己的理解,但是学生可能理解不了，你得从学生的角度去考虑怎么入手。"孙瑛后来根据沈世钊的建议反复修改了好几次，慢慢积累下来，如今这门课已经是哈工大研究生精品课程。

孙瑛曾参加过学校的研究生课程竞赛，拿到了当年的一等奖。沈世钊听说后，非常高兴，专门跟孙瑛说："你以后可以在这方面有更多投入。"2014年孙瑛被学校派到美国去做教学方面的辅导进修，回来后沈世钊也特别向她了解国外的教学方法，对于一些新的方法理念如何有效调动学生的积极性表现出极大的兴趣。

榜样是前行的方向，给人以奋进的力量。孙瑛从事教学工作多年，一直秉承着沈世钊的十六字教学理念：思路清晰，重点突出，概念准确，语言精练。"作为教师，按照此要求，做好备课工作，做好学生服务工作。这是沈老师常和我们说的，现在，我们也还会就教学方法和沈老师进行探讨。"

教学中，支旭东贯彻落实老师"厚植笃行"的教育思想，恪守十六字教学理念，将大量的工程设计案例和设计实践反哺到教学上，让晦涩难懂的专业课变得丰富有趣、有血有肉起来，他的课也深受同学们欢迎。

沈世钊一直强调"做人和做学问是一体的"，他认为思想锻炼是一个循序渐进的实践过程。"个人利益是客观存在的，我们不能反对个人利益，但我们要追求个人利益和国家利益的和谐统一。"正如沈世钊所说，虽然"思想境界"可能要经历更多的时间锤炼才能有较明显的提高，但提升思想境界作为厚植笃行的一部分，无论是师者还是学生，都应作为毕生的追求努力做到。

"沈老师的题字是对做人和做学问两者之间关系的一种很好

的表达。中心思想就是说，要想学问做得好，为人也一定要正派，要为人师表。这也是我们这些学生一直在继承和弘扬的。"范峰说，只有做到"做学问与做人的统一"，才能培养出国家真正需要的人才。特别是现在，一定要弘扬爱国奋斗精神，把个人事业同国家民族前途结合起来，奋发有为、建功立业。

"治学严谨，精益求精；大胆开拓，严以致用；思想引领，润物化人。"这是武岳为恩师总结的三大特点。"沈老师是通过自己的言行去感化别人的，他现在只要不出差，每天都要到研究中心来，然后经常会到各屋去转转，这无形当中对我们年轻人就是一个鞭策。"武岳说，有老先生在上边这样做，大家也都是如此。整个团队无论寒暑假，还是周末，人总是满满的，干劲都很足。

"沈老师一直提倡的就是做学问和做人的统一。有时也会跟我们谈起这些理念，但更多的是身体力行地去影响我们。"支旭东说，"我觉得这是他培养学生的重要理念，他不仅注重学生科研能力的培养，还更加注重培养学生的思想品德。"

大家风范

"他一直采取的是启发教育和鼓励教育，只要有一点点进步就会表扬，我记忆中从来没有听过他训斥谁。"陈昕留校工作之后，1991年前往英国伯明翰大学做访问学者一年，1992年10月获评副教授，1996年6月晋升为教授，后来想辞职去沈阳创业。沈世钊十分尊重弟子们的意见和愿望,不仅没有阻拦,还勉励说办企业的确能更好地学以致用,但要始终坚持科技创新。1997年9月,陈昕创办了沈阳飞虹钢结构工程有限公司,并担任董事长。在创业过程中,陈昕经常得到恩师的鼓励和帮助,他完成了不少具有典型意义的大型工程。

"一花独放不是春,百花齐放春满园。"一直以来,沈世钊就像一位总设计师,总是有意识地把弟子们推到前台,放在科研的最前沿,让他们挑大梁,给他们压担子,为他们当梯子,指引着弟子们规划未来的发展蓝图。多年来,沈世钊言传身教,把主要精力放在了人才培养和梯队建设方面,培养出大量的空间结构人才。

"沈老师特别推举我们这些年轻人,很早的时候就有意识地栽培我们。"范峰说,自己的博士课题研究方向是大跨空间结构抗震,属于"九五"期间国家自然基金委某重大课题的一部分。这一专题开始立项时的负责人是沈世钊,因为范峰的研究工作做得好,1999年结题验收前,沈世钊把范峰作为课题的负责人之一写了上去,让他去汇报。沈世钊始终认为应当让学生在科学研究和工程实践第一线真刀实枪地干,这样才能真正得到锻炼。范峰对此感触很深:"通过这样的平台,沈老师让我们有机会与国内顶级的专家面对面交流探讨,这对我们后来的科研生涯起到非常关键的作用。"类似的情况有很多,比如在报国家科技进步奖等国家级奖项时,沈世钊都把自己的名字往后排,到后来都是让学生们来当负责人,自己只充当一个顾问的角色,范峰理解老师的心意。"沈老师就希望给我们这些年轻人更多的成长机会。"

通过顶层设计，沈世钊甘为人梯，让弟子放手去干，弟子们也因此得以迅速成长成才。2017年1月9日上午，中共中央、国务院在北京人民大会堂隆重举行2016年度国家科学技术奖励大会。范峰负责的"大跨空间钢结构关键技术研究与应用"项目获国家科技进步奖二等奖。该项目的成果符合国家经济建设形势及中长期发展需求，是土木工程学科的前沿研究领域。项目申报团队历经近17年完成的成果，创新性地构建了大跨空间结构关键理论与方法，研发了系列大跨空间结构新体系，开发了复杂大跨钢结构绿色智能施工成套技术。上述成果已在87项重要空间结构工程中获得应用，取得了良好的经济效益与应用评价。除此之外，项目成果被多部国家现行标准采纳，具有广阔的推广应用前景。经专家鉴定，多项技术成果达到国际领先水平。

"沈老师是我们研究中心的创始人，一直带着我们前进。按道理来讲，我们报这个国家奖，沈老师应该排在第一位，但他主动往后面排，希望我们这些年轻人有更多的成长机会，类似这样的事情是很多的。"范峰现在担任哈工大副校长，他长期从事大跨空间结构、轻型钢结构等领域的研究、教学和工程实践。他所开创的"网壳结构高烈度强震下强度破坏机理"研究领域，目前已成为网壳结构理论研究的前沿热点问题。

1998年武岳开始读博士一年级时就跟着沈世钊参与了威海体育场的结构设计工作。那个时期，沈世钊的研究重点推进到风-结构相互作用，即流固耦合理论的研究。这个课题是王光远院士主导的国家基金委某重大项目里面的子项目，第一年评估会是沈世钊汇报的研究进展，第二年他说："武岳，这次你来。""我印象非常深,那年我博二,上去讲完以后,身上穿的衬衫都湿透了。但是这个事情对我的成长鼓励很大,让我树立起了自信心。之后我就想,下面坐着十几位院士,我都能站在台上讲,还有什么场合我会惧怕的?"如今武岳早已能够独挑大梁,现在担任哈工大土木工程学院副院长和钢木结构学科组主任,并兼任哈工大国家级土建工程实验教学中心副主任及风洞与浪槽联合实验室副主任。

"在学术研究上,沈老师对我影响最大的是他的大局观。他高瞻远瞩,能够抓住最前沿的研究方向,我的博士研究课题都是老师指导我确定的。"支旭东毕业之后继续坚持做空间结构抗震方向的课题,如今也有15年了。在沈世钊的影响下,他很早就在实践中关注前沿,力争"功夫到家"。他参与过哈尔滨国际会展中心、齐齐哈尔速滑馆、营口奥体中心等重大工程设计,并开辟了大跨空间结构抗震设计理论研究,大跨空间结构在冲击、爆炸荷载下的失效机理及防御研究,复杂结构施工技术及控制监测研究等新的学术方向。他主持或参与设计的项目获得过"全国优秀建筑结构设计一等奖""中国土木工程詹天佑奖""中国空间结构优秀工程金奖"。

"事实上,为国家培养人才是沈老师毕生最为钟爱的事业。在他的支持和引导下,我们成长得很快。"钱宏亮也如一颗冉冉升起的明星,不仅在巨型望远镜结构、铝合金结构、大跨空间结构新体系等方面开拓创新,还参与了若干项国家自然科学基金重大课题及重点课题子课题、面上项目、中国科学院知识创新工程方向性项目等国家及省部级科研课题,并担任哈工大威海校区海洋工程学院院长。

沈世钊的另一名学生牛爽也有在大型学术讨论场合被"试炼"的经历。他曾参与过中国建筑技术中心的工程结构实验设备"中建万吨级多功能实验系统"的结构分析和方案优化。该实验测试设备作为六自由度工程结构实验设备，可以为世界各地工程业务领域巨型复杂化结构开展足尺实验，真实体现结构受力状态，进而科学客观地掌握其力学性能，是土木工程科技与创新的重大试验装备。在做设备的结构分析和优化时，牛爽跟许多参与单位和学术权威有了较多的接触，讨论时大家也时常持有不同的观点。有一次讨论沈世钊参加了，结束之后他马上私下鼓励牛爽。因为沈世钊观察到，牛爽在和别人讨论时，心理上觉得别人是学术权威，表达自己的意见时会不由自主地胆怯。沈世钊告诉他："只要你有把握，你相信你做的东西，你就要勇于表达。"

像这类例子还有很多。沈世钊用这种方式，逐渐把弟子们都培养成了可以独挑大梁的领军人才，也把空间结构研究中心这一集体建设成为强有力的、团结一致的、国内闻名的学术团队，自己则逐渐隐居幕后做起了顾问。

在科研和学术方面，沈世钊对年轻人是"扶上马，送一程"，但对其他诸如行政类的工作，他却从不如此。巴恒静作为沈世钊的同龄人，跟沈世钊的学生也都很熟，可以说也是看着他们成长起来的。在巴恒静看来，沈世钊的学生们都很优秀。"按照沈老师的名望，要推荐他的学生到哪去当个院长、副院长，都是很容易的事，但是他不推荐。"如果他们从事了行政方面的职务，也都是踏踏实实做事，并不是为名为利。范峰当过一段时期的哈工大土木学院院长，巴恒静说："范峰为人特别好，沈老师一手培养出来的，处理问题非常公平公正。"在范峰岗位有调整后，巴恒静还跟沈世钊开玩笑："准备推荐谁接替？"他没想到的是，沈世钊明确地说："他们倒是都可以，但是不能总是我的学生，还是得换一换。"巴恒静说，自己见过有的学术权威不遗余力推荐自己的学生从事行政方面的工作，始终把持着学科的话语权，但是沈老师从来都从大局上来考虑问题，"做人做事做学问，都有大家风范"。

功夫到家

对于已经有一定积累的研究者，沈世钊认为应该放开视野，多涉猎本领域以外的一些知识。一个人的基础扎实、兴趣广泛，才可以应付整个学术界前沿方面千变万化的新情况。孙瑛说："沈老师的科研思维十分敏锐，他告诉我们不能仅局限于本学科的理论，还要结合目前一些最新发展的技术和新型材料的应用，例如将新型复合材料、大数据技术等引入我们的学科。"

沈世钊很强调与时俱进，善用工具。早年去美国访学之前，他就意识到做力学分析和计算，计算机是必不可少的。从美国回来之后，沈肖励记得，父亲用省下来的留学补贴买了计算机带回来送给学校，自己没留下一点东西。

沈世钊早期做结构分析的时候，都是手算，所以工作量很大。陈昕也特别谈到，自己本科阶段学习时，还是用打孔小纸条来实现指令与结果的输入输出。如果想要在上面编程，更是要花费好几天的时间，摆弄调整各种开关。后来还是沈世钊主张引进了德国的西门子机器，"在一个大机房里工作，得六个小时才算完。如果算错了，第二天还得重来"。但即便这样，陈昕等人也感到满足，这已经是当时最先进的设备了。"我的整个博士课题也是靠设备完成的。全过程分析没有设备我是做不成的。"正是由于沈世钊的眼光，陈昕说："我们先进的原因就在这儿，计算机分析和力学结合得非常好，成果最大化。"

沈世钊经常关注学生们的最新研究动向，会问学生们："你们最近在做什么啊？在做哪个方向？"孙瑛会结合大数据、新材料做一些研究，比如跟计算学部的网络技术数据库进行合作，把风洞实验的数据放到数据库里，然后通过信息技术快速分析。沈世钊对此赞赏有加，他说："这个新，这个好，随着科技的进步，我们也要提升研究方法、研究内容。"

在谈起计算机学科交叉和目前设计、分析软件的应用时，沈世钊指出，电脑的普及、设计软件的升级的确对目前土木行业的发展起了重要的推动作用，但设计软件的本质也是源于编程人员力学概念的具象化和计算过程的系统化，其核心还是人的思想，结构设计终归是由设计师主导的，绝非软件可做到的。"概念高于具体，力学概念高于计算结果"，他对学生着重强调，结构工程师不能过于依赖设计软件，要有清晰的力学概念，只有不断锻炼提高自己的概念设计能力，才能设计出更合理优美的作品。

对于写文章，沈世钊的态度十分慎重。他自己的文章写得很慢，学术文章定稿前也总是经常修改。但是他的学生普遍认为，沈世钊写的文章清晰通畅而余味悠长，没有一点多余的"渣子"。陈昕的博士论文也是如此，简洁的语言配上丰富的图片。他说老师看完，心里非常畅快，"能一句话说清楚的，千万别写一大堆废话"。

大概2004年下半年，《土木工程学报》向沈世钊约一篇稿，沈世钊找到博士在读的支旭东："旭东，你也做了一些东西了，把你现在做的这些整理一个报告给我。"沈世钊把支旭东的成果看了两天，告诉他可以写一篇文章投稿到《土木工程学报》。支旭东还没想好要怎么写，沈世钊说："那我先写一个，咱们一起来改。"因为沈世钊不习惯用电脑打字，他就手写，每天给支旭东两页，再由支旭东打印成电子版。

完成初稿之后，沈世钊又跟支旭东反复讨论了几次："旭东，你觉得这里这么说对不对？""这么表达确切不确切？"支旭东当时还有点不太理解，花这么多精力和时间字斟句酌，有没有必要。定稿之后，支旭东把文章发了过去，以为这件事就暂告一个段落，没想到并非如此。过了2天，沈世钊又把稿子翻出来了："旭东，你看这里是不是应该改成这样啊？"根据沈世钊的意见，支旭东又跟《土木工程学报》的编辑联系了四五次。后来这篇名为《球面网壳结构在强震下的失效机理》的文章发表在《土木工程学报》2005年第一期。跟着沈世钊完成这篇论文写作后，支旭东觉得，自己写文章的能力"彻底锻炼出来了"。

"天下大事必作于细，天下难事必作于易。"在培养学生的过程中，沈世钊治学严谨，坚持"规格严格，功夫到家"。几乎沈世钊所有的学生都提到他的一个特点：大事举重若轻，小事举轻若重，无论做什么事情都非常严谨认真。他不仅对学生的每一篇文章都精心点评和修改，就连汇报用的PPT都追求尽善尽美，从不轻易放过任何一处瑕疵。这种精益求精的学风深深感染了学生们。

沈世钊算是同龄人中用PPT做报告比较早的，从那时候就形成了一种习惯，无论是准备国际大会的报告，还是给学生上课看的内容，沈世钊都会事先一遍又一遍、一页一页地修改，包括字体、字号、颜色、版式布局等细节。孙瑛在做PPT方面比较擅长，有一段时间就总会被沈世钊请去帮助修改，以至于同门之间有时候见面聊天的对话就是这样："你今天干什么去了？""我帮沈老师做PPT了！""啊！这是个好差事！"孙瑛说："做一个PPT对我们是一个磨炼的过程，学生有过这个经历的都知道。"

"沈老师教会我'规格严格，功夫到家'的工作作风和深厚的家国情怀。我要带着他的嘱托继续努力，为我国大跨空间结构领域做出贡献。"张清文深受沈世钊的直接影响，认识到哈工大"八百壮士"的敬业实干精神和"规格严格，功夫到家"的校训是一体的。

张清文说，甚至一句话中多一个字还是少一个字，沈老师都抠得非常细。有一次沈世钊被邀请去做一个大跨空间结构的报告，每天下午都会花三个小时来做PPT，前前后后一共用了2周时间。"每天改一遍，今天改一遍感觉还可以，第二天有新的发现再改。"——这只是一次普通的大会报告。

沈世钊把写文章和做报告的要求总结成下面四句话："思路清晰，重点突出，概念准确，文字精练。"

土木菁华

哈工大90周年校庆前夕，校友吕红军发动工民建85级校友共同向学院捐献纪念石。为了总结土木工程学院90年的办学传统，继往开来，学院组织纪念石题字内容征集，经过评审，最终确定为沈世钊提出的"土木菁华"，寓意学院培养的土木学子均应成为行业精英，国之栋梁。这4个字请了书法造诣深厚的原建设部部长叶如棠题写，纪念石于90周年校庆日正式落成，该石后被称为土木菁华石。为了培养"土木菁华"，沈世钊做了许多有益探索。

土木菁华石落成（中为原建设部部长叶如棠）

2014年,教育部推出网络精品课程计划,其中包括开展各专业导论的视频公开课。当时范峰作为土木学院一院之长,和老师沈世钊商量,土木工程专业在全国是个大专业,全国有五六百家高校开设相关专业,让学生们一入学就知道土木工程到底是做什么的,有哪些关键问题要解决,将来的发展前景怎么样,对于新生来说是很重要且值得投入精力来做的。正赶上视频公开课的契机,沈世钊德高望重,范峰希望老师来准备并讲授土木工程导论课程。

沈世钊非常愉快地接受了这个任务,跟其他老师一起设计课程内容、组织材料、修订PPT课件。"沈老师是逐页逐行逐字修改PPT,花了无数的心血,然后亲自去讲授第一堂导论课。这个视频也是土木工程专业第一个导论课程,就视频公开课来讲,可能以后很难再会有这种导论课了。这个课程的制作,我印象中应该前后耗费了一年多的时间。"范峰回忆道。

网络公开课程

当时沈世钊已经81岁，但是对于这种教学工作，他自己仍是乐此不疲。课程以"从'有巢氏'到'鸟巢'——土木工程导论"的名称在"爱课程"（icourses）、中国网络电视台和网易等平台同步上线，以"中国大学视频公开课"形式免费向社会开放，并入选教育部第六批精品视频公开课。课程内容涵盖了土木工程专业本科阶段的主要专业，集中介绍了土木工程的发展历史、学科现状和未来发展方向，以及土木工程师应具备的知识、能力和职业素养，突出了土木工程可持续发展这一时代主题。

凿土为穴，构木为巢；烧土为砖，伐木为梁。古代建筑材料主要是"土"与"木"，后来就把各种与建造相关的生产活动称为"土木工程"。沈世钊从什么是土木工程开始，指出土木工程是人类文明的重要载体，以古今中外杰出的工程实践为例，讲述了土木工程的发展特点和广阔的应用前景。结合当前的科技发展水平和生态环境建设的要求，指出新型工业化、信息化和绿色建造是当前土木工程的发展目标。为解决人口增长、环境恶化、资源紧张等问题，向地下、海洋、荒漠和太空等新领域拓展，是未来土木工程发展的一个趋势。新的建造环境会对现有的土木工程技术提出新的挑战。地下城市、海洋城市、外星基地……沈世钊说，这些构想体现了人们对于未来生存空间和生存环境的追求；有些已经在行动，有些即将成为现实，有些可能还需要漫长的探索，但都反映了土木工程的未来任重道远、前景广阔。

英国皇家工程院在2007年就"21世纪需要什么样的工程师"这一问题进行了广泛调查，结论是：具有坚实的专业知识，以及以创新的方式解决实际工程问题的能力。沈世钊在课程中，讲解了土木工程师需掌握的知识、应具备的能力和职业素养。"中国正在进行世界上最大规模的基础设施建设，这是土木工程师的时代机遇；中国也是自然灾害严重的国家，提高工程防灾减灾能力是对土木工程师的巨大挑战；中国还是资源严重短缺的国家，节约资源、实现可持续发展，是土木工程师义不容辞的责任！"他号召青年学子，努力掌握先进的科学知识，锻炼和培养工程创新能力，肩负起时代赋予我们的责任，为中华民族伟大复兴和人类文明进步做出贡献！

课程上线后，仅"爱课程"平台就有上万人次观看，有人评论说："老院士讲得条理清晰、清楚明白，如果我的大学时代能有这样一位老师给我们上这样一门课，我想我会对自己的专业更感兴趣吧。""条理分明，很好的全面介绍性课程。"这门课也被人转载到年轻人受欢迎的 B 站等平台。

"除了视频公开课，沈老师更多的是给学生们做报告，比如 2008 年奥运会场馆建设、现代空间结构、FAST 项目等的报告。"范峰说，沈世钊的报告很受欢迎，每次开讲去听的人都很多，常常是座无虚席。并且，他还走到祖国各地，为青年学子传播知识，播种爱国奋斗、建功立业的理想。在同济大学，他做过题为"空间结构的理论创新与应用"的报告，强调了科学研究与大学生的科学素养的重要性；在长安大学，他做了题为"大跨空间结构的发展与创新"的报告，结合自身的经历为大家指明大跨结构的研究方向；在兰州理工大学，他做了题为"结构形态学与现代空间结构"的报告，结合张力结构、自由曲面结构、自由拓扑结构等现代空间结构形式对结构形态学的研究进展情况进行了评述；在重庆大学，他做了题为"500 m 口径球面射电望远镜 (FAST) 主动反射面结构体系创新回顾"的报告，讲述了 FAST 项目创新的经过和团队协作攻关的动人故事；在母校嘉兴一中，他给高二创新班同学做了关于土木工程的知识讲座，勉励同学们努力掌握先进科学知识，增强创新能力，肩负起时代赋予的责任，为中华民族的伟大复兴和人类文明进步做出贡献。

沈世钊做学术报告

当然，沈世钊更多的还是与哈工大土木工程专业的学生交流，只要学院和学生有需要，他总是乐于参加，而且他特别愿意给最基础的学生进行讲解。张清文说："每年研究生找导师，沈老师一定是最抢手的。"如果外校学生给他发邮件咨询，沈世钊都会认真回复，不会对任何一封置之不理。学院本科生、研究生找沈世钊做报告，只要时间允许，他都会答应，然后问对方的要求，想要哪方面的报告，并进行精心准备。

习近平主席在2019年新年贺词中，首次提出了"中国建造"的概念。建造是人类最古老的工程技术之一，体现了人与自然的和合共生。土木工程是建造科学与技术的统称。沈世钊在给学生的讲座中，从中国建造与中华文明、中国建造与中华复兴、中国建造与和合理念3个方面，为莘莘学子详细讲解了土木工程从古到今的发展历程。他对莘莘学子说，建造既是最古老的工程技术，也在不断与时俱进，发展成为以先进科技武装的现代工程技术。中国建造展现了中国人民的勤劳与智慧，促进了中华民族的和合发展，是中华文明的重要载体，也为中华民族伟大复兴发挥了重要的支撑作用。在和合精神指引下，中国建造仍将不断发展与创新，且继续为人类社会的未来做出重要贡献。

第十章

老驥伏枥

关注教育

为党育人,为国育才,是沈世钊一辈子最钟情的事业,自然不仅仅是限于他的团队和所带的弟子,他所关注的是整个高等教育事业的发展。1933年出生的沈世钊,是近代中国受到良好而且完整教育的知识分子代表。由于从小历尽坎坷,他和很多从旧社会走来的知识分子一样,有着科教报国的梦想,对当时积贫积弱的中国有一种责任和使命感。因此一直以来,在积极投身教学科研实践的同时,沈世钊也非常愿意利用自己的一些影响力来传播自己的见解和声音,身体力行地思考和践行着老一辈哈工大"八百壮士"教书育人的家国情怀和使命担当。尤其是,面对大学新生——行业未来的生力军。

2018年9月1日,哈工大本科新生开学典礼上,他作为教师代表发言,语重心长地告诉大学生们:"进了大学以后,应该说开始进入了人生的自觉时代,到了该理性地思考一下'自己要成为什么样的人'这个问题的时候了。"又说:"做学问之道,要注重加深加厚自己的学识,尤其要注意提升自己的思想境界,拓宽自己的胸怀。一个人的学问和思想境界其实是统一的。境界低的人,是做不了大学问、成不了大事业的。所以,志向高远的人从来是把个人前途同社会责任联系在一起的。他们以天下为己任,考虑的是祖国的命运和人类的前途,因而胸襟开阔,积极进取……"沈世钊同时又说:"强调立大志,但实践上还得从一件件具体的工作、实实在在的小事做起。"他表示,任何大的学问都是一点一滴不断积累的结果,任何大的事业都不可能由平地一蹴而成,脚踏实地的诚实劳动和一丝不苟的工作作风是取得成就的必备条件。

沈世钊在指导研究生的工作中特别强调理论与实践的统一,很早就重视应用计算机的能力和动手能力,让学生在科学研究和工程实践中真刀实枪地锻炼,使得论文工作在前沿理论指导下直接为生产、为工程服务。例如由他主持结构设计的北京亚运会朝阳体育馆和石景山体育馆,其中许多新的结构体系的分析和试验都有他的研究生参与具体工作。这种做法,对纠正在研究生培养中存在的重理论轻实践的倾向起了积极的作用。最近几年,在国家自然科学基金重大和重点项目的研究工作中,许多青年教师和博士生、硕士生也都成为研究中的骨干力量。

"思想境界"这个词语,沈世钊也经常挂在嘴边。他曾说过:"学生通过学习和锻炼要上好三个台阶,第一个台阶是学好必要的知识,第二个台阶是掌握正确的思想方法,第三个台阶是提升自己

沈世钊院士作为教师代表在2018级本科生开学典礼上致辞

的思想境界。人才培养是全方位的，老师的任务就是帮助学生上好这三个台阶。"这是他用又一种说法来表达他的育人理念。知识的学习需要坚持不懈，但属于最低层次，即最基本的层次；科研过程中更重要的其实就是学习分析问题的方法，掌握思想方法；做人做事做学问则是一个漫长的过程，思想境界的提升需要不断用心去体会，才能有所感悟，学有所成。

对于研究生阶段的学习，沈世钊还指出，第一研究方向很重要，不要想得太高远，对国家有用就好，方向对了，做起事来才能更顺畅；第二就是要养成一个好的心态，现代社会对年轻人的诱惑很多，年轻人不要总想着名啊，利啊，为名利所累，哪里有心思搞研究呢；第三就是踏实和坚持，千万不能急躁，工作做到位了，自然就水到渠成了！

经常有学生让沈世钊题字，他写得最多的有两个："厚植，笃行"和"坚持做学问与做人的统一"。沈世钊始终倡导"厚植，笃行"。他说："作为研究生，基础很关键，厚植根基就是要你们把基础打牢。高校不同于一般的企业、公司，应该更注重基础性的研究，工程实践也要做，但一定要有选择，选那些有代表性的、创新性的，这样才能居高临下。"他还形象地解释说："基础打好了，就像金字塔。某个专题搞得很深，但基础不够，只能叫它豆芽菜，细长单薄经不起考验，换个问题，就不行了。金字塔则基础牢固，适应能力强。"在跟学生们互动的过程中，沈世钊常常鼓励工科学子多涉猎文史哲艺。这也是他一直秉承的人才培养理念："学习科技，也关注人文；重视科学精神，更崇尚人文精神；坚持做学问与做人的统一。"他想表达的意思很清楚，希望学生们要在做学问和做人两方面踏踏实实打好根基，并在工作和生活实践中身体力行，对国家、对社会做出积极贡献。

哈工大土木学院有很多面向学生的学术活动,有土木学院菁华学术下午茶、土木之光论坛等,这些沈世钊都参加过,经常与同学们分享他的想法。沈世钊说,自己喜欢与学生们在一起,年轻人充满青春活力,具有旺盛的求知欲和强烈的进取心,与他们在一起,总是感到非常愉快,感到后继有人而深受鼓舞。当然,他们也容易受到社会上各种风气影响。从当前来看,最需要警惕的是那种目光短浅、急功近利的浮躁心态,这种心态对人才培养十分有害。所以沈世钊认为,作为导师,除了让学生们在业务能力上、在思想方法上经受系统的训练以外,也应当十分关心他们在思想品德上的成长,引导学生弘扬爱国主义精神,着眼国家战略需求。他经常针对学生们各自的特点,开展和个别同学的谈心谈话等活动,助力他们健康成长。他说,为他们营造一种积极向上、具有高尚情操和道德风貌的群体环境,对青年学子成长为国家社会栋梁之材有十分重要的意义。

在同事周广春的印象中,沈世钊总是很温和,所有人来找他都是笑着接待,"会让人感觉特别亲切,把所有的顾虑都打消了"。假如在外面做报告,会后如果和一个并不认识的人谈起话来,沈世钊也总是持非常诚恳的态度,从不会摆出拒人于千里之外的姿态。沈世钊回答学生问题,也总是"尽管提,一定会给你解答"。会后若有学生找他合影,有时候一拍就是十几、二十分钟,沈世钊没有一丝不耐烦。周广春说:"沈老师很礼貌,即使他很忙,耽误他的时间,他也能做到这样。"

放眼当今的高中学子,沈世钊更是充满了无限的希冀。他说:"技术的进步,科学的发展,要靠年轻英才的不断涌现。中学教育属于素质教育，国家寄望于中学生全面素质的提高。在业务上，应该打好较为全面的科学、文化基础。例如，即使打算将来要学理工科专业的同学，在学好数理化的同时，也应尽量拓宽自己在人文方面的知识和修养。此外，年轻人更应重视思想方面的锻炼，使自己早日成为志向高远、胸襟开阔、积极进取的社会栋梁之材。

习近平总书记曾指出，"高校思想政治工作关系高校培养什么样的人、如何培养人以及为谁培养人这个根本问题"。60年前，沈世钊成为哈工大一名人民教师时，就深受王铎、王光远、钟善桐等老一辈"八百壮士"严谨认真、科学求是的精神影响和苏联专家规格严格、强基础、重实践的熏陶，20世纪80年代又留学美国从事科学研究，深受欧美教育崇尚自由、独立探索的精神的影响，这些实践和经历，使得沈世钊兼收并蓄中西方教育的特点和优势，站在很高的位置去审视高等教育，并在自己的教育实践中总结出了行之有效的教育思想。这一教育思想遵循人才培养的规律，重基础、严过程、强实践，鼓励学生自由探索、大胆创新、小心求证，并以人为本，立德树人、成风化人，实现"人之为人"的价值追求。

至情至性

2006年，妻子王仲秋被查出患有癌症，被告知生命只剩下半年到一年。一生似乎万事都不着急的沈世钊第一次让儿女们感受到了他的压力和焦虑。好在，他很快又让自己镇定下来，重新把生活安排得井井有条,向医生详细了解妻子的治疗方案。王仲秋住院期间,沈世钊精心护理,早上六点多乘车去医院,直到晚上六七点钟再回去,天天如此。有时候王仲秋病情有所缓解,就接回家里,沈世钊寸步不离陪着。王仲秋化疗后,需要监测血蛋白、血小板、红细胞的相关数值,每次沈世钊都把相关数据记录下来,从第一次开始,到后面记录得相对多之后,他就画出变化趋势曲线拿给医生,让医生能更清楚地看到其中的波动和变化,就像做科学研究一样。医生们都为他的细心和耐心感到震惊。

  这种爱从来都是相互的,1990年沈世钊在一次体检中查出来脊柱部位长了肿瘤,王仲秋马上放下工作陪着他去北京治病,把两个孩子也都托付给别人帮忙看管。"等他们回来后,反倒是我妈变得又瘦又黑,肯定是每天跑医院,很辛苦的。"沈肖励说,想到父母之间的感情,就想到电视剧《父母爱情》,没有轰轰烈烈的海誓山盟,只有平平淡淡的细水长流,但所有在身边的人都能感受到他们两个人累积起来的深情。

  在王仲秋做第二阶段化疗的时候,何梁何利基金给沈世钊发来邀请,希望他能参评。但沈世钊要照顾妻子,不愿花时间去准备相关材料,于是主动放弃。"之前我不知道,后来我才认识到原来那是一个很重要的奖项,但我爸很轻易就放弃了。"沈肖励是看到自己单位的张锦秋院士获奖才知道这是一个很重要的奖项,父亲把名利看得很淡,尤其是和关爱家庭比较。

  他关心的不只是他们的小家,还有空间结构研究中心这个大家庭。工作中,沈世钊把排名和荣誉看得很轻,尽量让年轻人出头。"爱出者爱返,福往者福来。"因为真心对学生们好,所以学生们对沈世钊他们一家也都好。在王仲秋生病的5年里,由于沈肖励和沈嘉励不能时常陪伴身边，很多时候都是靠学生帮助。王仲秋曾感慨说："他们（学生们）比两个孩子对家里的关照都多得多。"

王仲秋生病期间，沈世钊的很多学生都来探望和帮忙照顾。沈世钊那段时间的陪护状态和内心之苦，学生们都看在眼里。最难的时候是2010年到2011年期间，他们先去了北京的医院，后来又从北京返回哈尔滨治疗，年近八旬的沈世钊天天都到医院陪护。孙瑛和同事们去看望，发现什么事情老师都要亲力亲为。比如王仲秋的治疗方案，孙瑛说："他经常跟主治医生仔细交流。虽然他也不是很懂医学，但是他说很多科学是互通的，他觉得合理的、可行的，就要去跟医生讨论。"有一次，王仲秋的肠道有一部分堵住了，医生提出了好几种治疗方案，沈世钊对每一种方案都要仔细查证然后做决定。

王仲秋生病的这5年时间，孙瑛说："老师基本把别的事都放下了，专心陪师母。"沈世钊陪着王仲秋聊天、看书，转移她的注意力。王仲秋化疗的时候，胃肠不好，不能吃任何带纤维的东西。沈世钊就把学生们探望时带去的蓝莓打成蓝莓汁，过滤之后再喂王仲秋喝。有时候，孙瑛他们也会陪沈世钊打会儿扑克消遣一下。陈昕说："师母生病的时候，沈老师内心很强大。"

关心和陪伴是最好的良药。巴恒静说："王老师得的癌症非常严重，医生说生命也就是半年到一年，但是在沈老师的精心护理下，足足延长了5年。不容易，不容易！"但他从不说这几年时间的辛苦。沈世钊是院士，也当过哈尔滨建筑大学校长，从名望上来说要高于妻子。但他在讲起自己的老伴时，却对她的工作评价道："（她的教学）效果很好，水平还是挺高的。她退休后，设计院又把她请去当总工，他们也希望有些高水平的人。"这是他对妻子一生事业的肯定。

平淡生活

沈世钊直到现在九旬之龄，身体仍十分健康，思虑清明、视力听力均未衰。范峰说，老师的记忆力非常好，很多年前的同事、同学、学生，他都能记得对方的姓名，以及出生年月等个人信息。

即便如此，沈世钊还是感受到了岁月在自己身上的影响，近年来逐渐放慢了学术工作上和参与外界事务上的步调。虽然他的背脊依然挺直，但走路的速度会变慢，头发也基本上全白了。不过沈世钊心态很好，也很注重健康。他说自己的身体"按年龄来说还可以，毛病不多"。

世界卫生组织关于健康的生活方式有文件资料，沈世钊总结成四句话。"第一句话叫心态平和；第二句话叫饮食均衡；第三句话叫戒烟戒酒，绝对不能抽烟，酒要限量；第四句话叫适当活动，不是运动而是适当活动。这个基本上人人都可以做到而且很容易做，是不是？"沈世钊是一个能够自律的人，从年轻的时候起，他就从不抽烟、不喝酒，上了年纪后，才偶尔会喝一点小酒。他理解的饮食均衡，就是"别这个不吃那个不吃，什么都可以吃，什么都要吃点儿，但不能过度"。除此之外，沈世钊还坚持游泳，他坚持每周游3~4次，每次慢游半个小时。这项运动沈世钊已坚持了20多年,以他的年岁来看,还是令人惊叹的,但也常常让学生们替他捏一把汗。但沈世钊游得很小心,从来没出现过让他的弟子们担心的情况。

从2015年以后,沈世钊放松了工作,空余时间多了起来,他开始喜欢上了下围棋,也用这种方式来锻炼自己的思维,保持头脑的清醒。他也常常跟弟子们讲,围棋是一种最好的思维运动。武岳、周广春都是沈世钊的棋友,有空闲的下午,他们会切磋一两个小时。

在饮食习惯方面,沈世钊非常注重均衡,也会开玩笑说弟子们的饮食不健康。张清文说,每次和沈老师一起吃饭,都能观察到沈老师注重种类的多样均衡,每样吃很少,但样数多。沈世钊家的餐桌上,随时都放有几个小碟,碟子里装着坚果、大枣等。沈世钊觉得自己需要吃点东西了,就会去餐桌看看。

早些年,沈世钊也自己下厨做饭。他的博士生祝恩淳上学的时候,沈世钊还在当校长。祝恩淳每次去老师家里的时候,都是老师亲自做饭招待自己的学生。尤其是浇汁鲤鱼,不光祝恩淳,他的爱人和女儿吃了也都赞不绝口。祝恩淳说,老师对生活的热爱对自己也是一种鼓舞,让他也习惯了在家做饭,"我老师做学问那么高深,同时又担任领导,还自己做饭呢,所以我回家也做"。

后来年事渐高,沈世钊饭菜做得少了,但每年冬天还是会弄点儿茶叶蛋。孙瑛去他家的时候尝到过老师做的茶叶蛋,沈世钊还会兴致勃勃传授经验:"这个很简单,不必煮太长时间,几分钟就可以,之后敲打完,加上作料,直接关火在汤里头浸泡一晚,就入味。"

一直以来,沈世钊的身体情况大体来说很不错,偶有小恙会到医院就诊治疗，但也尽量做到不给别人添麻烦。

每天北京时间晚上 7 点半到 8 点，沈嘉励会在沈世钊看完《新闻联播》后，给他打一个电话，一般时间不长，问问他的身体情况，有时候父子俩也会多聊一会儿。在微信上传看小孙子小孙女的照片，有时候会跟孙子孙女视频聊天。沈肖励也经常给沈世钊打电话。有假期的时候，会带着孩子回来看沈世钊。对于第三代，沈世钊有超乎寻常的耐性。他疼孩子，但绝不溺爱。

对沈世钊日常生活的关心，更多来自身边的学生。沈世钊有一件红毛衣，就是他的学生在他本命年送给他的。有一次媒体记者采访他时，沈世钊还指着身上穿的红毛衣向身边人"炫耀"。

"壮士"情结

无论岁月更迭，"哈工大人"这个名字一生不变；母校情、师生情、同窗情，可以超越时空，定格永恒。2018 年 9 月 23 日，哈工大 77、78 级校友入学 40 年纪念大会在主楼礼堂举行，来自海内外的 1289 名哈工大人欢聚一堂，一起重温历史、追忆青春，共话母校情、师生情、同窗情。沈世钊在纪念大会上作为教师代表致欢迎词。他说，在哈尔滨工业大学和哈尔滨建筑大学两校刚刚合并的那几年，原来哈建工校友回来的时候感到不太习惯，说"我本来是哈建工校友，现在怎么变哈工大校友了"。身为原哈建大校长的他每次都给他们做点解释。他说这两所学校同根同源，原本就是一家，有着相同的起点和统一的规格，主要的师资和传承都离不开当年的哈工大"八百壮士"精神。他说，回顾历史，无论是1959年哈工大土木系独立建校，还是2000年哈建大与哈工大合并，对学校的发展建设来说都是大有裨益的。

20世纪末，全国兴起一股高校合并潮，对于原哈工大和原哈建工的合并，社会舆论基本上持全面肯定的态度。本就是一家的哈工大与哈建大合并，是强强联合的成功典范，具有重要意义。沈世钊特别提到，2003年教育部原副部长韦钰和他们一起开会时，对他说："现在看来，你们两个学校的合并是最成功的。你们真正实现了强校联合的效果。"在沈世钊看来，合并以后，两所学校一些知名的重点学科起了很好的相互补充的作用，而对于原来哈建大的学科来说，合并使得发展大环境有所改善。当然最主要的是原来两所学校是一家，因此很容易迅速融合到一起。

沈世钊不但重视人才培养，还身体力行地思考和践行着老一

沈世钊在哈工大77、78级校友入学40年纪念大会上致辞

辈哈工大"八百壮士"教书育人的家国情怀和使命担当,不遗余力地宣传哈工大"八百壮士"精神。

2018年11月5日,沈世钊参加哈工大"八百壮士"精神宣讲团成立仪式暨首场报告会。在作为代表发言时,他结合当年响应国家号召来哈工大任教的经历,畅谈和分享了哈工大"八百壮士"名称的由来、内涵以及"八百壮士"精神与爱国奋斗精神的紧密联系,结合当前国家发展面临的新形势、新挑战寄语青年教师和青年学子:努力继承哈工大"八百壮士"的优良传统,继续弘扬爱国奋斗精神,把个人事业同国家前途结合起来,在新时代奋发有为、建功立业。他的发言情真意切、娓娓道来,赢得了一次又一次共情的掌声——

沈世钊在哈工大"八百壮士"精神宣讲团成立仪式暨首场报告会上发言

今天我代表宣讲团顾问成员发言，感到很荣幸，但也有点惶恐，因为当时在哈工大"八百壮士"里面，我是相对年轻的。我是1953年上海同济大学毕业以后来到哈工大的，当时已经有不少比我年长的老教师在学校了；像陈雨波老师、王铎老师、俞大光老师、王光远老师等，他们都是1950年来到学校的，而且已都是各个学科的带头人了。

大家知道，哈工大原来是中东铁路办的，1950年中国政府才把它接收过来；在1950年以前，学校的老师全是俄国人，1950年才开始从全国引进并培养自己的教师；到1957年，我们这支教师队伍已经有800多人了，李昌校长把我们称为"八百壮士"。我理解有几个含义：首先，大家都非常年轻。刚才我提到的这几位老师，当时都是大家心目中的老教师了，其实他们也就30多岁，绝大多数教师才20多岁，所以是一支生气勃勃的教师队伍。更为重要的是，大家都有一个努力奋斗的劲头。大家知道，我们这个年龄段的人，对旧社会的苦难是有亲身的经历和感受的。回忆中国的近代史，从1840年英国侵略我们的鸦片战争开始，一百多年的时间里，中华民族苦难深重。每当想起、说起这段历史，我们总是心情激动。所以1949年全国解放，大家那种兴奋的劲头是无法形容的。虽然当时我们的国家一穷二白，但大家劲头十足，一心一意要为建设新中国建功立业。当时哈工大的这一支年轻的教师队伍，也是处在这样一种精神状态，大家一心一意要把自己这所既有历史又是全新的学校建设好。所以，根据我的理解，所谓哈工大"八百壮士"精神，也就是当时形势下的爱国奋斗精神。

老师们、同学们，从建立新中国算起，六十多年过去了，我们的国家大变样了，哈工大也大大地发展了。我感到非常高兴的是，哈工大的"八百壮士"精神，包括"规格严格，功夫到家"这一校训所体现的办学理念和实干精神，都完全传承下来了。现在哈工大的教师队伍里有大量的年轻教师，我听说他们被称为哈工大的第三代"八百壮士"，我觉得这个称呼非常好，它代表一种精神的传承，很有意义。因为我们国家虽然比过去富强了，但新的时代有新的问题。从国外看，以美国为代表的国家，对中国的崛起很不舒服，想尽各种办法遏止我们；从国内看，在经济转型、社会民生、生态环境、干部队伍等方方面面，也还有不少矛盾有待解决。面对国内外的这些压力，我们不能掉以轻心，我们仍然需要全民团结起来，大力弘扬爱国奋斗精神，踏踏实实地做好各自的本职工作，认真应对国内外的各种挑战。我们的年轻一代教师，也包括我们的青年学子，你们都将成为我们国家的未来精英阶层的一分子，责任尤其重大，国家的前途在你们手里。所以，我衷心希望你们，努力继承"八百壮士"精神的优良传统，继续弘扬爱国奋斗精神，把个人事业同国家前途结合起来，为迎接我们的新时代建功立业。我体会，这也正是今天召开这次大会的目标所在。

2019年5月4日，首届组合结构创新论坛暨纪念钟善桐100周年诞辰活动在哈尔滨工业大学举行。钟善桐是哈工大"八百壮士"的杰出代表。沈世钊在致辞中表示，为了响应习近平总书记关于在科技界弘扬爱国奋斗精神的号召，哈工大正在大力提倡传承"八百壮士"精神。今天这个纪念活动特别有意义。这一活动，可以激励我们进一步学习钟老师的治学做人态度和敬业奋斗精神，实际上也就是更好地传承和发扬哈工大"八百壮士"精神的优良传统，继续弘扬爱国奋斗精神，为新时代建功立业。

"立德树人是教育的根本任务。哈工大当时提出'规格严格，功夫到家'这一校训,也是围绕立德树人来说的;正是因为如此,才形成老一代哈工大'八百壮士'特别重视教学这样一个风气和传统。"2019年7月1日,在哈工大土木学院纪念中国共产党建党98周年大会上,沈世钊分享了老一辈哈工大"八百壮士"重视教学、精心育人的难忘故事,阐述了老一辈哈工大"八百壮士"的育人情怀和理念。

"为什么我要讲这些教学方面的故事呢?主要是因为这些年大家都在讨论一个问题:现在我们有部分教师对教学不够重视,甚至有少数人备课不下功夫,讲课对付;他们把主要精力放在所谓科研上,放在发表论文上。我也经常在思考这个问题。"沈世钊说,"我们不反对搞科研;不仅不反对,还主张大力开展高水平的科研活动,因为这样才能使我们的教学工作与时俱进,不断跟上科技发展的步伐。对研究生的培养来说,科学研究实践更是一个必要培养过程。所以,对高校教师来说,教学与科研其实是统一的。开展高水平的科学研究,除了为国家科技事业发展做出应有的贡献以外,其主要目的是为了更好地培养人才。"

"从这个角度,如果我们进一步思考,假定一位教师在教学上不下功夫,不重视教学质量,他的科研能搞好吗?他在做研究、写论文的时候会认真下功夫吗?"沈世钊说,他表示怀疑。对于有人说,现在教学质量、教学效果没有过去好,跟学生不如以前那样重视学习有关系。他认为,在教与学这一对矛盾对立面里面,教师应该发挥主导作用。

"我回忆起当年,我们师生的联系是很紧密的,学生每天晚上有自习课,老师就在各教室来回走,给同学答疑和进行交流;学生在做课程作业和课程设计的时候,老师更是像上课一样待在教室里，所以当时的师生关系很紧密，学生的学习热情也很高。"他认为，现在的情形也应类似。如果老师认真备课、讲课很动听，课后还保持紧密联系，相信同学们的学习热情是会被激发起来的。

沈世钊号召大家要大力弘扬爱国奋斗精神，时刻思考国家赋予我们培养人才的任务，大力提升教师的责任感和荣誉感，认真做好每项教学和研究工作。他还语重心长地寄语广大青年学子：要时刻想到自己是国家未来精英阶层的一分子，国家的前途命运重任在肩，要认真完成学习任务，既要学好知识，也要学会做人的道理，准备好承担起为新时代建功立业的重任！

面向未来

沈世钊70岁之后，工作上开始有了秘书，但也不是专职秘书，而是他的学生接续承担，每个人兼职做几年"助手"，协助他处理一些工作上的事情，就这样一届一届传承了下来。

"那时候也没有明确说就是秘书，就是沈老师的一些事情，我们自然而然做起来。"首先做这个工作的是武岳。武岳博士毕业后留校工作，看老师年事渐高，但还坚持自己处理很多日常琐碎的工作，于是就提议由自己来帮着老师处理一部分事情。

2006年支旭东博士毕业之后，把这个"秘书"的工作从武岳手中接了过来。2010年支旭东要出国，就把相关工作传递了给孙瑛。孙瑛后来去日本学习，又把这个工作交给了更年轻的张清文。学生们以这种方式默默陪在沈世钊身边，也见证了他几乎全部的生活。

烈士暮年，壮心不已。90岁的沈世钊在各个方面依然保持着令人惊讶的冲劲。虽然早已明白人生时光的有限，尤其是妻子王仲秋去世后，沈世钊带着深深的思念把更多时间和精力投入到了工作之中。他对巴恒静说："我确实这段时间耽误了很多工作，现在我要把我丢掉的时间抢回来。"巴恒静说："他那时候说耽误时间，也不是说都不管了，教学、科研方面他也管，只是一些会议他不参加，比如请他去搞鉴定会，或者学术论证会，他就不去了。学生他还是照样指导，只是把校外一些事情都推了。王老师走了以后，他还是正式上班，到现场去。"巴恒静感叹，沈世钊早已经功成名就，年纪也大了，似乎在这个时候停下来谁也不能说什么，但沈世钊停不下来。

无论是答应为行业内某种专业图书作序，还是帮学生们写的书把关，沈世钊都会习惯打印成纸质版，一边读一边在空白的地方写满密密麻麻的修改文字。如果有人来找他题词，沈世钊答应之后总是会斟酌很长时间，有时候还要翻书、翻字典，写完了还会反复修改，直到自己觉得满意为止。

沈世钊每天也都会到办公室去转转，范峰说："沈老师很愿意和我们这些学生一起交流，而且精气神十足。"学院研究生开题、答辩，沈世钊不出差的话一般都会参加。他也经常和范峰、武岳、支旭东等讨论专业问题，遇到重要的工作，"从早到晚他能坚持一天，精力非常充沛，思维非常敏捷，有时候我们这些学生都觉得累了，沈老师也不会累"。86岁高龄时，沈世钊还担任了《钢结构通用规范》编制组主任委员，主持该项国家规范的编写工作，继续为祖国的钢结构事业添砖加瓦。

学生们也会经常跟沈世钊聊一些学术领域的前沿问题。支旭东讲了一件事，有一次他写了篇论文，写完自己比较满意和开心，就拿过去说："沈老师，你看我最近做的东西怎么样？"过了两天，沈世钊把支旭东找过去说："我从你这（文章）里边看出来的是另外一个结论。"老师把原来的结论给推翻了。

沈世钊80岁生日的时候，学生们给他举办了一个庆祝会，参加的多是学术近人与挚友，60多名学生从全国各地赶来，其他不能到场的也纷纷致电恭贺。学生们几番商量后，联合送给老师一幅匾额和一个纪念盘，前者写着"厚植，笃行"，后者写着"学习科技，也关注人文；重视科学精神，更崇尚人文精神，坚持做学问与做人的统一"。这是沈世钊在70岁和80岁时分别用以自勉并勉励学生的两句话。

八十寿辰暨从教六十周年纪念

时任中国工程院院长、党组书记周济也发来贺信，表示祝贺。贺信内容如下："在您八十华诞来临之际，谨致热烈的祝贺和诚挚的祝福。长期以来，您为我国科技工程事业发展和国家现代化建设做出了巨大贡献。您热爱祖国、服务人民的思想品格，严谨求实、勇于创新的科学态度，孜孜以求、敬业奉献的进取精神，是广大科技工作者学习的榜样。在此衷心祝愿您生日快乐，健康长寿！"

"大家气度孺子风，跨越时空驾长虹；结缘土木德才厚，构就辉煌一代宗。"时任哈工大副校长、中国工程院院士周玉手书了这样一首藏头诗来贺。中国建筑股份有限公司总工程师毛志兵也手书贺信一封："恭贺沈世钊院士八十大寿！在您的身上，我懂得了人生的意义，看到了真正的生命之光。愿您的人生充满着幸福，充满着喜悦，永浴于无尽的欢乐年华。祝您寿比南山，福如东海！"

目前沈世钊还是保持着对学术领域内前沿问题的敏感性。虽然由于年龄原因几乎不再参加需要长途飞行的国际会议，但只要弟子们有参加，回来后沈世钊一定会问许多问题，诸如会议开得怎么样？有多少人参加？中国学者占多少比例？现在大家都在关注哪个方向？

"习近平总书记指出，中国制造、中国创造、中国建造共同发力，继续改变着中国的面貌。这句话对我们来说是极大的鼓舞。"2023年7月31日，沈世钊在哈工大暑期院士座谈会上说，传统学科面临着挑战，同样也面临着机遇，要瞄准国家需求和行业目标，与时俱进加强传统学科与新兴学科融合，从而激发出新的学科增长点。他依然在关心关注着学科未来的发展。

不满是人生进步的车轮。当被问及如何看待自己以前的工程设计，有没有最得意的作品时，沈世钊淡然地说："当时做完都挺高兴的，过了一段时间之后再看，就觉得很一般了。"荣誉等身，不忘初心。或许正是这种不骄躁、不满足的力量，才让沈世钊始终保持着这种淡然处之又坚忍不拔的超越态度，他才能眼望远方，脚踏实地，继续求索。

正如沈世钊自己所说，他从小时候念书开始，就受到了很好的基础教育，先后进入交通大学、同济大学、哈尔滨工业大学求学，改革开放后又能出国，都是在最恰当的时候，碰到最良好的机会，使得他的兴趣和才能得以充分发挥。他进入大跨空间结构领域之后，正赶上国家国力不断增强，需要建造越来越多的大空间或超大空间建筑物以满足需要。回顾沈世钊一路走来的际遇，这一切既是偶然又是必然：说偶然是因为他碰上了这些机遇、学起了相关的专业，说必然是因为他将自己的兴趣、能力和前途同国家民族的命运紧紧联系在了一起。

张清文说："见贤思齐，跟杰出的人才在一起时间久了会更像他，我们不知不觉地都在向沈老师靠拢。"沈世钊等哈工大"八百壮士"业已完成自己的历史使命，但他身后还站着一群意气风发的年轻人，薪火相传，星火燎原。后来人继续扛起了科教兴国的重任，不断破茧而出，用青春和生命践行着爱国奋斗的不变信念，书写着建功立业的精彩华章。

附 录

沈世钊年表

1933 年

12月18日,出生于浙江嘉兴一个叫徐家港的四面环水偏僻之村。父亲沈宗圻在中学担任体育老师,母亲蒋汉玉是妇产科医生,叔叔沈宗埋在复旦大学法律系就读。

1935 年

妹妹沈世钿出生。

1936 年

中秋节,王仲秋出生。

1937 年

11月19日,日寇侵略,嘉兴全县沦陷,随家人逃亡。

1938 年

3月,举家从徐家港迁至栖真镇,也就是现在的秀洲区油车港镇栖真村。就读私塾式小学,随启蒙老师褚禅真学习。

1939 年

妹妹沈世轮出生。

1940 年

父亲因患伤寒病早逝，享年 32 岁。

1942 年

少年时喜爱诗词。春季山花烂漫，有感而发作五言绝句《春天到了》："紫翠遍山麓，青黄满菜畦。桃红间柳绿，燕语杂莺啼。"

1943 年

开始学数学、物理、化学等自然科学。

1945 年

8 月 15 日，日本帝国主义投降。

9 月，进入嘉兴县立中学初中部二年级学习。

1946 年

春季，老师褚禅真去世。

1947 年

7 月，从嘉兴县立中学初中部毕业。

9 月，高中就读于浙江省立嘉兴中学。

1949 年

10 月 1 日，中华人民共和国成立，立志投身新中国建设。

1950年

7月，从嘉兴中学毕业，乘火车到上海，报考交通大学土木系。

9月，以总成绩第一被录取。

1952年

9月，教育部根据"以培养工业建设人才和师资为重点，发展专门学校，整顿和加强综合性大学"的方针，开始对华北、华东、东北三区为重点进行高等院校院系调整，上海各高校土木系全部合并到同济大学。服从组织安排转入同济大学学习。

1953年

7月1日，因国家建设需要，提前一年从同济大学结构系本科毕业。

9月10日，从上海踏上北上哈尔滨的火车，去往哈尔滨工业大学报到。彼时，哈尔滨工业大学是全国唯一一所学习苏联高等教育的重点工科大学。

9月，被分配到哈尔滨工业大学师资研究生班。

9月，开始脱产学习一年俄语，勤奋刻苦。彼时，哈尔滨的苏联人和苏侨很多，为学习俄语提供了得天独厚的条件。每周上六天课，休息一天。文娱活动很少，常去松花江游泳、江边跑步。

1954年

7月，结束俄语学习，攻克语言关。

9月，苏联专家未至，听王铎、王光远等教师的课程。

研究生期间，住在二宿舍的二楼（原为八工地），八个人一间，四个上下铺。用餐免费。

1955 年

9月起,师从苏联著名木结构学科带头人卡岗教授学习,扎实地掌握了代表当时世界先进水平的苏联木结构学科的基本内容,并结合中国国情开展木结构方向的科学研究。

1957 年

1月21日,正式通过研究班木结构专业答辩。留校任助教。

3月1日,获得研究生结业证书。

6月,送别卡岗教授等苏联专家回国。

从事木结构支撑系统的研究,开展了空间刚度问题、侧向刚度等理论研究。

把俄文教材翻译为中文教材,讲授木结构课程。

1959 年

1月15日,哈工大成立校务委员会。根据国家加强专科建设需要,在召开的第一次会议上通过了执行中央第一机械工业部、教育部和建筑工程部"关于哈尔滨建筑工程学院建院中若干问题的决定"的决议。土木系从哈工大迁出,成立哈尔滨建筑工程学院,隶属建筑工程部(现为住房和城乡建设部)。

1960 年

6月,哈尔滨建筑工程学院与同济大学、沈阳建筑材料工业学院、武汉城市建设学院一起被列为中华人民共和国建筑工程部重点高校。

1961 年
被评为哈尔滨建筑工程学院讲师。

1964 年
在"木屋盖纵向刚度"研究中,提出了合理评价木屋盖空间刚度的系统理论和方法。这一创新理论的提出,结束了 20 世纪 60 年代初期国内学术界在这方面的长期争论,为木屋盖及其支撑系统的正确设计提供了科学的依据。

1965 年
随学校组成的师生工作队,前往克山县农村参加"社教",历时半年,通过第一次较长时间接触农村,对东北农村情况有了深入了解。

1969 年
森林遭到严重破坏,木结构工程越来越少,科学研究逐渐转向混凝土、钢结构和结构力学等领域。

1970 年
与王仲秋结婚。

1972 年
9 月,学校开始招收工农兵学员,重新开始教学活动。

12月，女儿沈肖励出生。

1973年
10月，在解决镜泊湖水电站工程问题的过程中，积极开展用薄膜理论计算多跨连续圆柱壳技术的理论研究，并将研究成果写成一篇论文。

1975年
5月，儿子沈嘉励在嘉兴出生。

1976年
母亲退休，将母亲和儿子从嘉兴接到哈尔滨。

1977年
由于各类结构的计算方法没有统一，开展统一结构计算方法的研究。

5月，《对统一结构计算方法的一点意见》一文由国家建委木结构规范管理组发表，并在全国建筑结构安全会议上宣读。

考察山西佛光寺大殿木结构，研究中国古代建筑木结构。

1978年
12月，由于教学科研表现优异，被评为哈尔滨建筑工程学院副教授。

国家实行改革开放政策。积极响应加强与各国学术交流的号召，参加国家选派出国外语资格考试，取得了黑龙江省第一名的成绩。

1979 年

10月1日，作为改革开放后第一批出国访问学者赴美国里海大学符立兹工程研究所进行学术访问。该研究所以钢结构方面的研究闻名。从此，研究转到钢结构方向。

主要从事高层钢结构及其梁柱节点构造方面的研究。

1980 年

与日本及土耳其访问学者进行钢结构领域的学术交流，开阔学术视野。

在符立兹工程研究所完成两项研究课题，发表五篇论文，并协助美国教授指导了一名博士生和一名硕士生。

1981 年

与吕烈武及同济大学来的两位访问学者沈祖炎、胡学仁合作，编写了《钢结构构件稳定理论》一书。

符立兹工程研究所所长皮特尔在给里海大学校长的报告中充分肯定了他在钢结构领域的学术贡献和学术成就。

里海大学符立兹工程研究所所长皮特尔给即将回国的沈世钊写送别信，高度赞扬其学术成果和为中美学术交流做出的突出贡献。

9月28日，归国前夕，从业务和思想作风两方面，对自己在美国两年的访学经历做了总结。

10月1日回国，任哈尔滨建筑工程学院钢结构教研室主任，致力于开拓钢结构领域新的研究方向。

1982 年

1月29日，里海大学符立兹工程研究所所长皮特尔来信，希望与其加强学术合作与交流。

2月—4月，讲授大跨钢结构选修课。

2月—6月，讲授专业英语阅读课。

开始招收硕士研究生。

与梅季魁教授合作承担吉林滑冰馆的设计任务，开始研究悬索结构。

1983 年

2月—6月，讲授木结构、钢结构专题课程。

9月—12月，讲授悬索结构课程。

11月，担任建筑工程系主任。

12月，与吕烈武等人合著的《钢结构构件稳定理论》在国内出版，将当时国外钢结构稳定性方面的最新成果介绍给国内读者。该书出版后受到广泛好评。

在吉林滑冰馆的设计中，采用了创新的预应力双索系统，并为之推导了全套解析计算理论，圆满完成了吉林滑冰馆的设计任务。

1984 年

作为建工系主任，重视人才培养与科学研究，带领研究生就"钢结构构件稳定"等一些较急需的理论项目进行研究和系统探索。

担任土木工程学会空间结构委员会和风工程委员会委员。

1985年

1月15日，撰写入党申请自传。

12月，加入中国共产党。

担任中国建筑结构委员会委员。

与梅季魁合作承担北京亚运会两个体育馆的设计任务，有意识地采用了一些在当时看来比较创新的空间结构形式，理论上也进行了相应的探索。

春季，在教学科研工作总结会上，对科研工作提出建议：空间结构的健康发展依赖于两个不可或缺的基本要素：一是结构形式的不断创新，二是理论研究的同步开展；后者为这一新兴结构领域的发展提供及时且持久的理论支持。

与钟善桐合作编写《大跨房屋钢结构》一书，是我国第一本有关空间结构的高等学校推荐教材。

中国建筑工业出版社发表论文集，其论文《大跨房屋钢结构》收录其中。

在《建筑工程高等教育研究》第1期，发表论文《加速培养青年教师是当前师资队伍建设中的战略任务》。

创立"空间结构研究中心"，通过30多年来的发展，现已成为公认的国内最重要的大跨空间结构理论研究基地。

1986年

1月30日，任哈尔滨建筑工程学院副院长，主管教学、科研和研究生工作。

5月8日，获评教授，系当时学校最年轻的教授。

8月，经国务院学位委员会批准，结构工程学科获得博士学位授予权。本人获批为博士生导师。

9月，应邀出席在日本举行的国际薄壳与空间结构学术会议。

担任黑龙江省土木建筑协会副理事长。

担任中国钢结构协会理事。

吉林滑冰馆新颖的结构体系受到了国内外工程界的普遍重视。中国空间结构委员会在吉林召开了现场会，美国、德国、日本等国的结构工程专家前来参观，交相称赞。

1987年

2月，吉林滑冰馆创新的结构设计被推荐参加了在美国举行的"国际先进结构展览"。

开始招收博士生。

研究网壳结构静力稳定性，并指导博士和硕士研究生参与此项工作。

10月，参加了由国际薄壳与空间结构协会同中国土木工程学会组织召开的重要国际会议——国际体育建筑空间结构学术讨论会，并作为中方执行主席之一。

作为空间结构专家，应邀至捷克布尔诺理工大学进行学术交流。

由于在空间结构方向取得的突出成绩，当选哈尔滨市专家顾问委员会副主任委员。

1988年

1月，开始探索结构风振的研究。

承担国家自然科学基金项目"柔性大跨空间结构的风振反应"。

担任国际《空间结构》杂志编委。

1989 年

由于在空间结构领域取得的重要成就,被评为建设部有突出贡献的中青年专家。

应邀去西德达姆斯德特大学、英国伯明翰大学和瑟雷大学讲学。

1990 年

1月,承担中、日、加三国项目"寒冷地区建筑材料"。

1月,承担中日两国合作项目"悬索结构风激振动"。

1月,所著《钢结构构件稳定理论》一书被评为首届全国优秀建筑科技图书部级奖一等奖。

2月26日,任哈尔滨建筑工程学院院长职务。

6月7日,在校庆70周年大会上讲话,做了题为"为把我院建成第一流的建筑工业大学而奋斗"的报告。

11月,北京朝阳体育馆项目获得机械电子工业部优秀工程设计一等奖。

12月,石景山体育馆获得科学技术进步奖二等奖。

12月,在第十一届亚洲运动会工程建设中成绩卓著,被评为先进工作者。

1991 年

7月,培养的第一个博士生陈昕通过学位论文答辩。论文题目为《空间网格结构全过程分析及单层鞍形网壳的稳定性》。

10月1日，国务院表彰其为发展我国高等教育事业做出的贡献，特决定发给政府特殊津贴和证书。

12月12日，因理论研究和工程实践活动对我国大跨空间结构学科的发展和进入世界先进行列做出了贡献，获"1990年度国家级有突出贡献的中青年专家"称号。

获聘为国务院学位委员会学科评议组成员。

1992 年

开始关于"网壳结构动力稳定性"的研究。

1993 年

出席第四届国际薄壳与空间结构协会年会，与著名空间结构先驱 Makovsky 教授等专家学者进行学术交流。

应邀访问伯明翰大学，与伯明翰大学校长会晤，讨论师资交流与人才培养。

在担任哈建工院长期间，他从战略高度提出了要狠抓以师资队伍建设为中心的学校内涵建设的方针，要求切切实实、持之以恒地做好各项基础建设工作，反对虚夸的庸俗作风，促进了学校的教学水平和学术水平不断提高。

担任哈建工院长期间，重视学生思想教育工作。

1994 年

1月，哈尔滨建筑工程学院改名为哈尔滨建筑大学，担任校长。研究重点转移到膜结构风振方向。

参加建设部高校校长书记会议。

1995 年

5月，设计的北京石景山体育馆组合双曲抛物面网壳结构被中国建筑学会评为"优秀建筑结构设计"表扬奖。

5月，设计的吉林滑冰馆预应力双层悬索结构被中国建筑学会评为"优秀建筑结构设计"二等奖。

6月9日，被中共哈尔滨市委员会、哈尔滨市人民政府聘任为哈尔滨市第三届专家咨询顾问委员会副主任。

9月，卸任哈尔滨建筑大学校长职务。

承担国内最大的速滑馆——哈尔滨冬季亚运会速滑馆（黑龙江省速滑馆）网壳结构设计工作。

12月，建设部召开项目鉴定会，对其主持的建设部"八五"研究项目"悬索与网壳结构应用关键技术"给予充分肯定，认为项目总体上达到国际先进水平，其中网壳结构稳定性和悬索结构风振响应两部分成果达到国际领先水平。

1996 年

5月，参加在北京召开的"亚太地区国际空间结构协会 APCS 学术会议"。

7月，被聘请为全国高等教育自学考试指导委员会土建类专业委员会主任委员。

9月，主持的研究项目"悬索与网壳结构应用关键技术"荣获 1996 年建设部科技进步奖一等奖。

开辟新的研究方向，研究网壳结构在强震作用下的弹塑性响应。

1997 年

5月20日,被国务院学位委员会聘任为该委员会第四届学科评议组(土木工程评议组)成员。

8月,《悬索结构设计》出版。

12月,"悬索与网壳结构应用关键技术"获得国家科技进步奖二等奖,这是我国空间结构研究领域获得的第一份国家奖励。

12月26日,应邀出席在北京召开的国家科技奖励大会。

12月,黑龙江省速滑馆项目获黑龙江省科技进步奖一等奖(第一排名)。

1998 年

2月,黑龙江省速滑馆网壳结构被中国建筑学会评为"建筑结构优秀设计"一等奖。

12月22日,被国家自然科学基金委员会聘任为该委员会监督委员会委员。

在承担威海体育场设计时,创造了一种具有典型意义的全张拉式膜结构,宏观造型上采用了富于变化的马鞍形,取得了较好的预期效果。

1999 年

2月,出版专著《网壳结构稳定性》。

12月,当选中国工程院院士。

把网壳结构动力稳定性的研究与网壳结构在强震作用下的弹塑性响应二者结合起来,研究网壳结构在强震作用下的失效机理问题。

"大型复杂结构体系的关键科学问题及设计理论研究"课题入围国家自然科学基金的重大项目。

2000 年

3月31日,论文《单层球面网壳稳定性验算公式》获第四届土木工程优秀论文奖一等奖。

6月3日,分别隶属于国防科工委和建设部的哈尔滨工业大学、哈尔滨建筑大学正式宣布合并,组建成新的哈尔滨工业大学,原两校建制同时撤销。又成为哈工大教师。

9月,空间结构委员会评选论文《单层球面网壳、单层柱面网壳稳定性验算公式》为优秀论文。

11月27日,被中共黑龙江省委员会、黑龙江省人民政府聘任为第五届省委、省政府科技经济顾问委员会委员。

11月,当选为中国建筑学会第十届理事会副理事长。

12月18日,心系学生培养,作《抒怀》诗,直抒育人情怀:"长江后浪拥前浪,万骏奋蹄驰大原。喜看满园滋桃李,耕耘未辍心尤甘。"

2001 年

4月,被清华大学聘请为该校土木系兼职教授。

8月28日,由于在教学中取得的突出成绩,当选黑龙江省模范教师。

研究重点又推进到风-结构相互作用,即流固耦合理论的研究,而后把重点转到大跨度屋盖风荷载的研究和围护结构风振破坏及抗风的研究。

2002年

3月25日，被国家自然科学基金委员会聘任为该委员会工程与材料科学部第一届专家咨询委员会委员。

10月8日，参加嘉兴中学百年校庆，并与母校老师合影留念。

11月，被聘请为全国高等教育自学考试指导委员会土木水利矿业交通环境类专业委员会主任。

12月5日，在北京举行的第十届空间结构学术会议暨空间结构委员会成立20周年大会上，获得了"空间结构杰出贡献奖"，并做了"中国空间结构理论研究20年进展"的精彩报告。

带领学生承担哈尔滨国际会展中心的结构设计任务。

2003年

3月，在2008年奥运会主体育场设计方案评选中被邀请作为评审委员会委员，公平公正地完成了评选工作。

6月28日，作为评审专家，应邀参加2008年奥运会国家游泳中心设计方案评审会。

6月，被人事部、全国博士后管理委员会研究决定聘任为全国博士后管理委员会第五届专家组成员。

7月9日，被中华人民共和国建设部聘任为建设部建筑金属应用技术专家委员会副主任委员。

11月22日，出席中日建筑钢结构技术论坛，做了主题报告"中国空间结构理论研究与工程实践"。

11月，被聘任为中国钢结构协会第二届专家委员会顾问专家。

12月18日，总结自己的人才培养理念，浓缩为四个字——厚植笃行。他还写下解释性的附言:"不断积累,厚植根基,才能做到高瞻远瞩,举重若轻,且邪谬不侵;治学做人,均同此理。又贵在身体力行,知与行相辅相成,在服务社会的同时,不断提升自己;故君子笃行。"

承担国家天文台 500 m 口径射电望远镜(FAST)主动反射面结构的方案设计任务,这是世界上迄今最大的望远镜,他和团队提出了创新的可变位索网结构方案,圆满地完成了任务。

任命范峰为空间结构研究中心主任。

2004 年

4 月 1 日,《科学时报》头版展示了其治学格言——"厚植,笃行"四个字。

5 月 30 日,参加北京市委召开的国家体育场安全专门会议,从结构角度提出了一种安全节约的解决方案,即在保持"鸟巢"外观不变的前提下,去掉顶上的可开启屋顶,并相应扩大中央的开孔,为鸟巢减负,并可保证按时完成施工。

7 月,时任总理温家宝提出"节约办奥运"的指示,有关部门开始对奥运场馆建设实行必要的"瘦身"计划,其建议获得认可并付诸实施。

2005 年

2 月,被中华人民共和国建设部聘任为建设部科学技术委员会委员。

3 月,被聘请为北京市人民政府 2008 年奥运会工程建设指挥部高级顾问。

5月29日，做客同济大学阳光论坛，做了有关"空间结构的理论创新与应用"的报告。

8月，由国家科学技术奖励工作办公室聘请为2005年度国家科学技术奖评审专家。

在接受中国钢构网记者专访时，提出结构设计理论的三个要素：新颖结构形式与建筑功能要求的和谐统一；优美的结构形体与合理的受力性能之间的协调一致；符合建筑技术（包括构造、材料、施工安装技术等）的发展方向。

2006年

1月，《悬索结构设计》（第二版）出版。

3月，作为空间结构的著名专家，出席国家大科学工程500 m口径射电望远镜(FAST)国际评审委员会。范峰代表设计团队汇报了主动反射面结构系统的哈工大方案，获得了评审委员会的充分肯定。

哈尔滨国际会展中心大跨钢结构项目获得了"全国优秀建筑结构设计一等奖""中国土木工程詹天佑奖"。

指导学生开展关于大跨空间结构抗爆、抗冲击研究。

在从事科学研究过程中，为我国培养了大量的空间结构人才，培养的硕士、博士研究生逐渐成为我国大跨空间结构队伍中的重要力量。

2007年

9月10日，参加哈工大（威海）空间结构研究中心落成仪式，为中心揭牌。

撰写《漫谈境界、志向和学风》理论文章，畅谈如何培养人才和加强素质教育。

2008 年

4月18日，被中共哈尔滨市委员会、哈尔滨市人民政府聘任为哈尔滨市第六届专家咨询顾问委员会名誉主任。

9月9日至11日，作为评审专家，应邀参加"FAST机械结构及防腐蚀国际咨询会"。

10月28日，担任国家重大科学工程FAST科学技术顾问和专家咨询委员会委员。

2009 年

6月6日，被中国建筑金属结构协会聘请为钢结构专家委员会专家。

9月23日，接待中央政治局常委、中央书记处书记、中华人民共和国副主席习近平，参观哈尔滨工业大学风洞实验室。

2010 年

3月30日，鉴于哈工大空间结构团队为FAST项目所做的贡献，中国天文台提请国际天文联合会批准，命名1996LN小行星为"哈工大星"，其国际永久编号为第55838号。

10月，被聘为中国钢结构协会空间结构分会第五届理事会高级顾问。

12月，被聘任为中国钢结构协会专家委员会资深专家。
采用巨型网格弦支穹顶设计大连市中心体育馆。

2011 年

11 月，夫人王仲秋去世。

12 月，被聘请为国家钢结构工程技术研究中心技术委员会顾问。

2012 年

4 月 9 日，中共哈尔滨市委员会、哈尔滨市人民政府聘任为哈尔滨市第七届专家咨询顾问委员会名誉主任。

5 月 9 日，哈尔滨工业大学建筑设计研究院、哈尔滨工业大学空间结构研究中心设计的大连体育馆获 2012 年中国钢结构协会空间结构分会第八届空间结构设计金奖。

5 月 21 日，在韩国首尔，获国际薄壳与空间结构协会（IASS）最高荣誉称号（Honorary Membership）。国际薄壳与空间结构协会成立 50 余年来，全世界获此殊荣者仅 17 人。

7 月 1 日，经有关部门推荐与国家外国专家局研究决定，被聘请为该局重点引智项目评审专家。

10 月 8 日，参加嘉兴中学 110 周年校庆，为师生做报告。

11 月 5 日，在华侨大学交流，与土木工程专业教师代表座谈。应邀到河海大学做题为"结构形态学与现代空间结构"的专题报告。

2013 年

3 月，受聘为中国建筑工程总公司第二届专家委员会委员。

5 月，总结自己的人才培养理念，题词："学习科技，也关注人文；重视科学精神，更崇尚人文精神，坚持做学问与做人的统一。"

10 月 20 日，做客长安大学院士论坛，为师生们做"空间结构的发展历程"的学术报告。

12月，荣获中国钢结构协会专家委员会终身成就奖。

12月18日，中国工程院院长、党组书记周济在其80岁生日来临之际，发来贺信，表示祝贺。贺信内容如下：在您八十华诞来临之际，谨致热烈的祝贺和诚挚的祝福。长期以来，您为我国科技工程事业发展和国家现代化建设做出了巨大贡献。您热爱祖国、服务人民的思想品格，严谨求实、勇于创新的科学态度，孜孜以求、敬业奉献的进取精神，是广大科技工作者学习的榜样。在此衷心祝愿您生日快乐，健康长寿！

2014 年

6月1日，出版专著《网壳结构强震失效机理》（第三作者）。

10月15日，教育部公布第六批精品视频公开课名单，主讲的"从'有巢氏'到'鸟巢'——土木工程导论"获批，并同步在"爱课程"、中国网络电视台和网易等网站上线。

11月，受聘浙江大学宁波理工学院名誉教授。

2015 年

1月，团队出版专著《网壳结构弹塑性稳定性》。

2016 年

9月25日，世界最大望远镜——500 m口径球面射电望远镜（FAST）落成启用，"中国天眼"骨骼来自哈工大空间结构研究中心。

11月11日，生平事迹在同济大学校史馆珍藏展出。

12月，"大跨空间钢结构关键技术研究与应用"项目荣获国家科技进步奖二等奖。

2017 年

5月15日，回访故乡嘉兴油车港镇栖真村。

回母校嘉兴一中，给高二创新班同学做知识讲座。

5月16日，受聘嘉兴学院名誉教授。

10月9日至13日，应邀去兰州理工大学交流访问指导工作，并做题为"空间结构发展历程"的学术报告。

11月7日，在中国钢结构大会暨浙江省钢结构论坛上，被授予"中国钢结构协会最高成就奖"，以表彰其对推动钢结构产业发展做出的突出贡献。

2018 年

4月3日，应重庆大学邀请，做了"500 m 口径球面射电望远镜（FAST）主动反射面结构体系创新回顾"的学术讲座。

5月11日，出席哈尔滨工业大学土木科研楼开工仪式。

9月23日，参加哈工大77、78级校友入学40年纪念大会，并做了欢迎发言。

9月25日，在哈尔滨工业大学二校区，做客土木学院菁华学术下午茶，讲述有着"中国天眼"之称的500 m 口径球面射电望远镜（FAST），以及哈工大团队承担 FAST 项目主动反射面结构系统研发的经历。

11月15日，接受采访，结合自身成长经历，与哈工大师生分享爱国奋斗、建功立业的故事。

12月24日，《黑龙江日报》刊登了题为《在"八百壮士"精神引领下砥砺奋进——记哈工大结构工程领域爱国奉献的三代科技精英》的报道。

2019 年

1月,《奋斗》杂志刊发了题为《结构工程专家——沈世钊院士》的文章。

5月4日,在首届组合结构创新论坛暨纪念钟善桐100周年诞辰纪念活动中,出席钟善桐纪念像揭幕和钟善桐基金启动仪式。

5月10日至12日,应邀出席中国钢结构协会空间结构分会第七届会员代表大会暨第十六届技术交流会,做关于钢结构冷却塔设计关键问题研究进展的报告。

10月16日,做客哈尔滨工业大学土木学院土木之光论坛,从中国建造与中华文明、中国建造与中华复兴、中国建造与和合理念3个方面,为学子详细讲解了土木工程从古到今的发展历程。

2020 年

6月7日,参加哈尔滨工业大学建校一百周年纪念大会。

8月28日,担任编制组主任委员的国家工程建设规范《钢结构通用规范》通过审查。这部历时近5年时间编制的规范是我国钢结构工程建设领域最顶层的强制性标准。

10月24日,在哈工大二校区参加"百年土木,百年树人"庆典大会暨校友返校见面会。

2021 年

7月20日,《光明日报》头版头条刊发了题为《沈世钊:"跨"出美丽人生》的报道。

11月25日,中建八局沈世钊院士工作室签约仪式在中建八局总部举行,与中建八局党委书记、董事长李永明为院士工作室揭牌。

2022 年

5月17日，做客哈工大（威海）海洋工程学院，为学生做了题为"灵动结构撑起观天巨眼"的讲座。

6月15日，参加中国钢结构协会空间结构分会和北京工业大学共同举办的以"空间结构创新与人才培养"为主题的空间结构论坛，做了题为"厚植笃行，桃李芬芳——空间结构创新与人才培养三十年"的报告，从理论研究、工程创新、人才培养三个方面分享了哈工大空间结构研究中心进行的工作与取得的成就。

8月2日，在哈工大一校区参加2022年暑期院士座谈会，为学校新百年发展献计献策，表示哈工大一校三区要加强统筹规划、加强统一管理，使一校三区办学优势及互补作用充分发挥出来。

2023 年

7月31日，参加哈工大2023年暑期院士座谈会，谈到传统学科面临着挑战，同样也面临着机遇，要瞄准国家需求和行业目标，与时俱进加强传统学科与新兴学科融合，从而激发出新的学科增长点。

12月1日，向哈工大基金会捐款300万元，成立"世钊基金"，用于土木工程学院崇教、奖学基金。

12月16日，在哈工大举办"空间结构传承·发展与创新论坛暨沈世钊院士学术思想"座谈会，庆祝九十岁生日。

参 考 文 献

参考文献

[1] 哈尔滨工业大学党委宣传部/教师工作部.初心的力量——哈工大"八百壮士"事迹选编[M].哈尔滨:哈尔滨工业大学出版社,2019.

[2] 周士元.李昌传[M].哈尔滨:哈尔滨工业大学出版社,2009.

[3] 牛伟实,石文龙.工程科技的实践者[M].北京:高等教育出版社,2010.

[4] 中国教育报刊社,哈尔滨工业大学.漫游中国大学[M].重庆:重庆大学出版社,2008.

[5] 张真.二十世纪哈工大人[M].哈尔滨:哈尔滨工业大学出版社,2009.

[6] 蔡延伟,赵明地.科学人生[M].哈尔滨:北方文艺出版社,2008.

[7] 费滨海.院士春秋[M].上海:中国出版集团东方出版中心,2005.

[8] 马洪舒.哈尔滨工业大学校史[M].哈尔滨:哈尔滨工业大学出版社,2000.

[9] 吴建琪.传统与特色[M].哈尔滨:哈尔滨工业大学出版社,2006.

[10] 华丽.嘉兴文史汇编[M].北京:当代中国出版社,2011.

后　记

时至今日，我依然记得2017年夏天沈老师讲述自己过往经历之际，回答我疑问的一席话——"没有功利之心才能顺乎自然，才能轻松自在，才能不断进步……"老先生给我的感受是"夫子自道"。"高山仰止，景行行止"，这么多年我一直朝着这个方向在努力。作为一名"传道受业解惑"的师者，沈老师春风化雨的言传身教，不经意间影响了一批又一批青年人。

我的好朋友于纯海也忘不了2007年夏天参加硕士研究生毕业典礼暨学位授予仪式时的情景——"在会展中心，数千人浩浩荡荡。轮到我的时候，我赶紧走上去，向沈世钊院士鞠躬敬礼，他拉过我的手，让我站端正。在拨流苏的同时，他满面笑容地说，祝贺你，孩子，继续努力，天地宽阔，以后就靠你自己的奋斗了。"

沈老师经常从中华文明的角度给学生们做讲座，力主"学习科技，也关注人文；重视科学精神，更崇尚人文精神，坚持做学问与做人的统一"。哈工大官微涉及沈老师的推送文章，很多留言不约而同谈到老先生的文化底蕴，有同学说："大三时，在土木楼我有幸和沈院士交流过一次。他问了我籍贯后，当即背诵出经典名篇《捕蛇者说》第一段。院士文学素养深厚，给我留下了深刻印象。"

沈老师深厚的底蕴源自他的"厚植，笃行"，对此老先生自己给出的解释是:"不断积累,厚植根基,才能做到高瞻远瞩,举重若轻,且邪谬不侵;治学做人,均同此理。又贵在身体力行,知与行相辅相成,在服务社会的同时,不断提升自己;故君子笃行。"沈老师是这样说的,也是这样做的,他的知行合一影响着越来越多的人。

"文章做到极处,无有他奇,只是恰好;人品做到极处,无有他异,只是本然。"对于沈老师,我越是了解就越觉得老先生人格的伟大,从老人家身上我学到了很多弥足珍贵的东西,也深深为他的爱国心和强国梦所感染,他说:"个人利益是客观存在的,我们不能反对个人利益,但我们要追求个人利益和国家利益的和谐统一。"

沈老师是哈工大"八百壮士"的杰出代表。群星璀璨的哈工大"八百壮士",是新中国成立以来广大许党报国知识分子特别是科技知识分子的一个缩影,堪称时代楷模和民族脊梁。他们主动将自身发展同国家和民族的命运紧密联系在一起,而波澜壮阔的新中国工业史上,也深深镌刻下了他们的强国梦想、奋斗历程和光辉成就。从青丝到白发,哈工大"八百壮士"一直在弘扬优秀传统、赓续红色血脉,他们继承了伟大建党精神,可以说是习近平总书记致哈工大建校百年贺信精神的最佳代言人。

沈老师他们这一代人一生中经历了一次又一次天翻地覆的变革,中国历史上没有任何一代人能像他们这样"阅历丰富"。在这些变革中,不变的是他们振兴中华、科技兴国的责任感和使命感。"国家需要我们做什么我们就做什么",为此沈老师带领团队一直专注难度大、耗时长的国家工程，别人看到的是"自找苦吃"，他执着的是大国重器。这些内容在传记中也有体现，可惜限于笔力，展现得还远远不够。

传记写作的过程中，得到了沈老师的大力支持。虽然在老先生看来，出一本以自己为主角的传记并无必要，但考虑到启迪青年学生，同时也出于对相关工作的配合，就给予了我们最大的帮助。传记初稿写出来之后，沈老师认真审阅，尤其是涉及专业内容的部分，进行了逐字逐句详细批注和修改。在老先生看来，很多成果都是由团队共同努力完成的，他认为过于突出个人的地方，都毫不犹豫删掉了。沈老师的谦和与包容，也让我们在汗颜的同时，肃然起敬。

沈老师"不太擅长讲故事"，很多在我们看来需要"大书特书"的情节，他总是轻描淡写带过，不会有太多的讲述和刻画，也从来不会觉得那些事迹值得特别称道。因此，在他自己口述之外，沈老师的家人、朋友、同事和弟子们等最熟悉他的人，就他人生过往、教书育人、科研攻关、领导才能、管理风格、业余爱好等等进行了多方面呈现，不同角度的诉说使得沈老师的形象更为生动立体。沈老师和在校的弟子们关系非常亲厚，情同家人，他们也是平时陪伴老先生时间最多的人，师生情谊令人感动。张清文是沈老师的秘书，从协调采访到资料整理，再到后期校对，他都给予了极大的支持和帮助；哈工大土木工程学院、宣传部、人事处、档案馆等部门也为相关资料的收集和查阅等提供了便利，在此一并致以最诚挚的感谢。

传记的内容充分吸收了相关研究成果，或者说传记本身就是研究成果，其中涉及的课题有：中国科协老科学家学术成长资料采集工程沈世钊院士项目（编号：CJGC2017-G-Z-HLJ01），教育部2022年度高校思想政治理论课教师研究专项一般项目（编号：22JDSZK027），中央高校基本科研业务费专项资金资助项目（编号：HIT.HSS.ESD202335），黑龙江省教育科学规划重点项目（编号：GJB1422061）。传记成果也在黑龙江省教育厅"中华优秀传统文化视域下大中小学思政教育一体化教学研究"、哈工大红色校史融入"习近平新时代中国特色社会主义思想概论"研究、哈工大党风廉政建设工作研究、哈工大研究生教育教学改革研究等课题中得到应用。

传记虽然要出版了，但沈老师的故事还在继续。作为后辈，以传记的形式走进沈老师的人生，就像是陪伴了他悠长的岁月，这个过程既有德行的学习、智慧的启发，也是一种共情之后的百感交集。行文至此，我仿佛又听到了沈老师爽朗的笑声，这位年届九旬依然精气神十足、正能量满满的大先生，乡音未改、话语有力、白发苍苍、精神矍铄，现在他或许正在和弟子们交流学术前沿问题，或许正在准备下一次走近莘莘学子时的讲座内容……

今年夏天，哈工大面向社会开放之后，前来参观的人络绎不绝，校园里不少"地标"晋级为"网红打卡景点"，其中有两处都与沈老师有关。一处是哈工大二校区图书馆前广场上的"大红球"——由80个三角形面和42个结点组成的网壳（学名短程线型球状网壳），这是沈老师为纪念原哈工大、哈建大共同建校80周年，同时分开42年之后又合一而设计的。另一处是进入哈工大正门后一眼能看到的"哈工大星"雕塑——鉴于沈老师团队为"中国天眼"做出的突出贡献，国家天文台向国际天文联合会申请，将1996年6月7日发现的一颗小行星命名为"哈工大星"。

今年秋天，哈工大二校区一名学子在社交媒体上发了个图文动态："在校偶遇沈世钊院士。沈老师年近九旬，依然坚持每天自己步行到实验室工作，大先生们的'八百壮士'精神时刻感染着我们。"配图是沈老师的一个背影，他正从主楼大厅出口往外走去，阳光从玻璃幕墙穿过，照在他的身上，沈老师向光而行。

吉 星

2023年11月